مختارات عن

كارثة ترييف الـمدينة

إعداد: ممدوح الشيخ

الكتاب: مختارات عن كارثة تربيف المدينة

إعداد: ممدوح الشيخ

الناشر: موقع http://mamdouhalshikh.com/

دفاتر الأيام

يوم في بغداد: ترييف المدينة[1]

عادل الأسطة

ما إن بدأت أقرأ كتاب شوقي عبد الأمير "**يوم في بغداد**" الصادر هذا الشهر في سلسلة كتاب في جريدة (نيسان 2009، عدد 128) حتى أتيت عليه في يوم واحد. الكتاب كتاب نثر وليس ديوان شعر لمجموعة من الشعراء، فلو كان

---

(1) جريدة الأيام الفلسطينية – 19 نيسان 2009.

كذلك لما فرغت منه، لا في يوم ولا في أسبوع ولا في شهر، وربما أخذت أقرأ مطلع قصيدة لأجد نفسي أقذف بالديوان جانباً. هل أنا ضد الشعر؟ لا أظن ذلك.

لم أقرأ، من قبل، الكثير لشوقي عبد الأمير، ولا أحتفظ بأي كتاب من كتبه، قلت هذه فرصة لأن أقرأ كتاباً لهذا الاسم الذي طالما قرأته، أو قرأت عنه، ويكفي أنه من المؤسسين لفكرة كتاب في جريدة.

"**يوم في بغداد**"، وقد مرت قبل أيام الذكرى السادسة لسقوطها. من منا ينسى التاسع من نيسان، ذلك تاريخ محفور في الذاكرة، وإذا ما تجاوزه المرء فربما لأحداث جسام أخرى تتوالى على هذه الأمة، أحداث كان أفدحها هزيمة العام 1948، وهزيمة العام 1967 فما جاء بعد هذين التاريخين كان مولوداً من رحمهما.

وربما ما شجعني على قراءة الكتاب عنوانه، فقد ذكرني بنصوص أدبية أخرى مهمة ولافتة، كان أصحابها يؤرخون ليوم واحد فيها سأتذكر كتاب محمود درويش "**ذاكرة للنيسان: الزمان آب، المكان بيروت**" إذ كتب فيه عن يوم واحد من أيام الحرب البطولية التي خاضها الفلسطينيون ضد الإسرائيليين في العام 1982، من من قراء درويش يمكن ان ينسى هذا الكتاب الممتع جداً والجميل جداً.

على مستوى شخصي تذكرت كتابي/ نصي: "**ليل الضفة الطويل**" (1993) ففيه أرصد أيضاً واقع الضفة في نهاية الانتفاضة الأولى (1987)، اذ

أخرج من المنزل صباحاً وأعود اليه مساء، ومن خلال التجوال في المدينة أرصد ما يجري في نابلس، وفيما بعد، سأقرأ رواية ابراهيم نصر الله الكاتب المقيم في الأردن "**حارس المدينة الضائعة**"، وبطلها يسير من شرق عمان إلى غربها، ويكتب عن المدينة.

ولعل "**يوم في بغداد**" أقرب إلى "**ذاكرة للنسيان**"، و "**ليل الضفة الطويل**"، فهو ليس رواية فنية مثل رواية نصر الله. إنه نص تاريخي ليوم في حياة مدينة عربية في زمن صعب، وهو بذلك يشبه "**ذاكرة للنسيان**"، وإن اختلف عنه لغة وأسلوباً وجمالاً.

وإذا كان "**يوم في بغداد**"، من حيث المدة الزمنية وتجوال شخص في مدينة، يرصد زيارة شوقي عبد الأمير للمدينة بعد غياب ثلاثة عقود ونيف عنها، وإذا كان يذكرنا لهذا بنص درويش ونصي، فإنه، فيما ورد فيه عن المدينة والتغيرات التي طرأت عليها، خلال غيابه عنها، يذكرنا بكتاب القاص محمود شقير "**ظل آخر للمدينة**"، فشقير الذي أبعد عن القدس في العام 1975، عاد اليها في العام 1993، وحين تجول فيها، لمدة تطول عن يوم إذ استقر فيها، أنجز لنا نصاً أشبه بالسيرة، له وللقدس، وكانت المقارنات فيه أوضح ما تكون: كيف كانت القدس قبل الاحتلال (1967) وحتى العام (1975)، وكيف غدت حين عاد إليها شقير بعد غياب عشرين عاماً تقريباً، وستظل ثنائية الماضي/ الحاضر، هي الأبرز والأكثر لفتاً للنظر

والتفكير أيضاً. ولا يختلف يوم في بغداد كثيراً في هذا الجانب عن كتاب شقير.

كيف كانت بغداد قبل العام 1970، وكيف رآها شوقي عبد الأمير بعد ثلاثة وثلاثين عاماً، وسبعة وثلاثين عاماً أيضاً، فقد زارها بعد احتلال الأميركان لها في 9/4/2003 وعاد ليزورها في 2007/10/19 وعن اليوم الاخير يكتب نصه.

سيبرز شوقي عبد الأمير للشارع الواحد وللساحة الواحدة وللنهر وللبساتين، سيبرز لكل صورتين؛ صورة الماضي وصورة الحاضر، وستبدو الصورة الأولى القديمة هي الأجمل، فيما ستبدو الصورة الثانية بائسة، وليس السبب مردوداً على الاحتلال فقط، فالمسؤول عنه أيضاً نظام صدام حسين، إذ بدأت الأمور تسوء قبل 2003/4/9 بعقود.

عدا المعلومات التاريخية عن بغداد، وعدا الكتابة عن حياة الناس فيها في الزمن الجميل وفي الزمن القبيح، أي في الستينيات وما بعدها، يقرأ المرء تفسيراً لهذا يقول الكاتب ان الكتاب لم يتوقفوا أمامه، وهو: **"ترييف بغداد"**، فمأساة هذه المدينة بدأت حقاً، من وجهة نظره، منذ اللحظة التي بدأ فيها الريفيون العراقيون يغزون المدينة.

وبدلاً من أن تمدنهم بغداد، فقد ريفوها، أي حولوها إلى ريف، وهذا هو سر مقتل هذه المدينة، إذ فقدت بذلك دورها الحضاري، وما كان لها أن تصل إلى ما

وصلت إليه لولا الترييف، ومن ثم الدكتاتور. ولو واصلت بغداد نزوعها المديني، ومدنت الريف والريفيين لأسهمت إسهاماً كبيراً في التطور، ولربما كان للعراق دور مهم جداً في العالم العربي.

وأنا أقرأ ما كتبه شوقي عبد الامير عن ترييف بغداد، تذكرت ما كتبه القاص محمود شقير عن ترييف رام الله، فهذه في الستينيات، كانت تمدن الريف، والآن يحدث العكس، ويأسف شقير أيضاً لهذا. وأنا أقرأ "**يوم في بغداد**" شعرت أنني أقرأ شيئاً عن واقعنا الفلسطيني، ترى هل أخطأ شقير وعبد الأمير؟ لست ادري.

قريباً من السياق

واضح من خلال نص شوقي عبد الأمير أنه معارض للنظام السابق، نظام صدام حسين، فقد أدانه غير مرة، وحمله مسؤولية أيضاً فيما آلت إليه الأمور في العراق. أليس صدام نفسه ابن قرية قالت عنها ابنته ذات يوم أن طموح أكثر ابنائها لم يكن يتجاوز أن يصبح معلماً في مدرسة، فإذا بأبيها وأسرته يغدون رأس النظام وأبرز اعمدته. هل كان شوقي عبد الأمير موضوعياً؟

ربما يجدر أن يعود المرء إلى كتابات أديبنا الراحل جبرا ابراهيم جبرا، القصصية والروائية، ومن ثم سيرته الذاتية، ليقرأ عن التحولات التي ألمت بمدينة بغداد منذ خمسينيات القرن العشرين وحتى ثمانينياته، فقد أنجز جبرا مجموعة قصصية هي "**عرق**

وقصص أخرى" وغير رواية أبرزها "صيادون في شارع ضيق" و"السفينة"، وأتى فيها على صورة المجتمع العراقي، وتحديداً البغدادي، وزحف البداوة عليه. وجبرا الذي كان محبوباً من العراقيين، ومن النظام إذ نال جائزة صدام كان يصور مجتمع المدنية وما يلم به من تطورات.

وربما يجدر أيضاً ان يقرأ المرء المقدمة التي كتبها توفيق صايغ لمجموعة جبرا "عرق"، فقد أفاض فيها في الحديث عن المدينة وموقف بطل القصص منها، اذ رأى أن الشخوص كلهم يعبرون عن موقف واحد هو موقف جبرا، وقد خالفته شخصياً الرأي، وذلك بمقال عنوانه "جبرا والمدينة".

تبدو صورة المدينة في قصص جبرا صورة سلبية، هي مدنية ولكن البداوة تزحف إليها. هل جانب شوقي عبد الأمير الصواب حين كتب عن "ترييف بغداد". الأهم من هذا ما كتبه جبرا في روايتيه المذكورتين: "صيادون" و"السفينة". حتى الذين تعلموا في الغرب ودرسوا الطب والهندسة، ظلوا خاضعين لعادات العشيرة وتقاليدها، ولم يستطيعوا التمرد عليها، فدفعوا ثمن ذلك: الخيانة والانتحار.

هل نتذكر ما قاله نزار قباني، ونحن نخوض في هذا الموضوع: "لبسنا قشرة الحضارة والروح جاهلية"؟

وأنا كنت أقرأ اعمال جبرا لم ألتفت إلى مأساة العراق كثيراً، ولكني حين أخذت أتابع ما حدث بعد 2003/4/9 تذكرته اي جبرا، وقلت: كان ينبغي الالتفات الى ما ورد في نصوصه كان ينبغي، ففيها بذور لما حدث!!

الحسيمة... المدينة القرية

مظاهر الترييف تطغى على الأحياء والفنادق لا تستقبل السياح([2])

جمال الفكيكي

جاز للمجاهد محمد بن عبد الكريم الخطابي الذي قهر المستعمر الإسباني في معركة أنوال، أن يحلم بأن الحسيمة ستكون مدينة متقاعدين تشبه في هدوئها "**دوفيل**" الفرنسية. ولو قدر له أن يحيا إلى الآن، لتأكد أنها أصبحت مدينة فوضى في المعمار والعقار والأسعار، وصخب في حياتها العامة، وتراجع مرير في جماليتها،

([2]) جريدة الصباح المغربية – 29 – أغسطس – 2011.

إلى درجة أصبحت معها تمضية عطلة بها جحيماً لا يطاق. وباتت الحسيمة تعيش خلال فصل الصيف وجهين متناقضين، وجه خارجي موجه إلى الزوار، المؤثث بصور المهرجانات والمعارض، ووجه يستدعي التوقف مليا لاستخلاص العبر ومعرفة أسباب الفوضى العارمة التي تعيشها أزقة وأسواق المدينة. وتعيش الحسيمة صراعات هامشية وقبلية طغت عليها المصلحة الذاتية، وتسابقا من أجل احتلال مواقع رائدة داخل المجلس البلدي، في الوقت الذي ظل فيه سكان المدينة ينتظرون أن يكون التنافس حول تنمية المنطقة.

المعاناة تبدأ من مدخل المدينة

تبدأ معاناة الوافد على الحسيمة من مدخلها الرئيسي (باب الحسيمة)، إذ لم يستطع التخلص من شبه محطة لسيارات الأجرة الكبيرة، التي باتت تحتله، في انتظار ترحيلها إلى المحطة الطرقية بكالابونيطا. وتتكثف في هذه المنطقة حركة المرور إلى درجة الاختناق، خاصة في فصل الصيف. ويتحول المدخل إلى طوابير من السيارات تتبادل فيما بينها صوت المنبهات، وغالباً ما يؤدي هذا الازدحام إلى وقوع بعض الحوادث والتجاوزات التي تصدر عن بعض السائقين بعدما يصل غضبهم إلى ذروته.

غلاء الأسعار يلهب جيوب السكان والزوار من الأمور التي أساءت إلى سمعة المدينة وتعمل على تشويه صورتها، وستكون لها حتما انعكاسات سلبية على

مستقبلها السياحي، وينجم عنها تراجع في معدل الوافدين على الحسيمة، الفوضى التي تطبع الأسعار، إذ يفاجأ المرء بأن كيلوغراما من سمك الباجو يصل إلى 50 درهما والروجي 150 درهما ومشواة من السردين 20 درهما، إضافة إلى غلاء أسعار الخضر والفواكه واللحوم الحمراء والبيضاء. كما أن وجبة غذائية من السمك بالمدينة قد تكلف المرء مبلغاً مالياً يتجاوز 300 درهم.

مدينة بدون مشاريع استثمارية

إن تشخيص الوضع الاقتصادي والاجتماعي بالحسيمة، أثبت أن هناك تراجعا خطيرا، نتيجة انعدام آفاق لإيجاد حلول واقعية ومخطط مدروس لجلب المستثمرين دون الدخول معهم في مزايدات لتشغيل يد عاملة مهمة تساهم في امتصاص نسبة كبيرة من البطالة في صفوف الشباب، الشيء الذي استفحلت معه مشاكل اجتماعية وسيكولوجية خطيرة وأسفرت عن نتائج وخيمة وإحباط كبير لدى سكان المدينة التي مازالت تنتظر "**الفرج**" لتخرج من دائرتها المغلقة. رغم ما قيل عن مشاريع المبادرة الوطنية للتنمية البشرية بالحسيمة، وما تم تخصيصه لها من موارد مالية مهمة، أسالت لعاب العديد من المنتخبين وبعض جمعيات المجتمع المدني التي تناسلت وتكاثرت في مدة وجيزة، فإنها تبقى غير كافية مقارنة مع المشاريع الإيجابية التي تعرفها العديد من المناطق.

مظاهر واقع الحسيمة

تنتشر بمدينة الحسيمة العديد من المهن غير المهيكلة كالباعة المتجولين الذين يحتلون الشوارع الرئيسية في واضحة النهار، أمام أعين وآذان المجلس الجماعي، بتزكية من بعض رموز السلطات المحلية، وبعض الظواهر السلبية كالتسول وتشرد الأطفال وتعاطيهم بيع السجائر بالتقسيط، الأمر الذي يؤثر سلبا على المجهودات التي تروم النهوض بالأوضاع الاجتماعية والاقتصادية للمدينة التي تعيش نسبة كبيرة من سكانها تحت عتبة الفقر. ولم يكن شباب هذه المدينة أفضل من أطفالها، بما أن العطالة تشكل هاجسا مؤرقا يقض مضاجعهم، خصوصا لدى حاملي الشهادات، أمام غياب حوار جاد وشفاف مع مسؤولي المدينة، لإيجاد حل مناسب لهذه المعضلة، ما نتج عنه إهدار طاقات مهمة أنفقت الدولة في سبيل تكوينها كثيراً، بل إن أغلب الشباب يطمحون إلى الهجرة نحو الخارج، حتى ولو أن فرص تحقق مطمحهم قد تكلفهم الموت أو الاعتقال في الشواطئ الإسبانية. ويرفض المواطنون بالمدينة أن يكونوا أوراقاً انتخابية في كل محطة استحقاقية يتم التلاعب بها، من خلال الوعود التي يقدمها لهم المنتخبون، معتبرين أن ذلك ينم عن استمرار العقليات الماسة بكرامة الإنسان.

مدينة بدون سياح

بقدر ما تزخر الحسيمة بإمكانات طبيعية هائلة وخصوصيات اجتماعية وحضارية متميزة، فإن تأثيرها في النسيج السياحي الوطني يبقى محدودا ولا يرقى إلى مستوى التطلعات. ففي الوقت الذي كانت تستقبل قبل بضع سنوات أفواجا هامة من السياح الأجانب، باتت حالياً بمثابة نقطة عبور، إذ لا تتعدى مدة إقامة السياح بها ليلة إلى ليلتين. وبالنظر إلى تزايد الهجرة القروية، طغت على الحسيمة في السنوات الأخيرة، ظاهرة "**ترييف المدينة**" التي مست أحياءها، وبدأت تعزز سلوكات اجتماعية متنافرة تجمع بين طابع البداوة وطابع التحضر في آن واحد، ما ينتج عنه ظواهر اجتماعية أخرى كتفشي التسول والتشرد والاحتلال العشوائي للأرصفة.

مشروع الحاضر والمستقبل([3])

عماد عريان

كلما تمدينت الأقاليم والأرياف تقدمت الدول والمجتمعات، وعندما تتريف المدن تزداد مظاهر التخلف والتدهور، وتصبح مشاهد العصبية القبلية هي الصفة السائدة في الدولة، وكثيراً ما تناولت الأمم المتحدة ظاهرة "**ترييف المدن**" بالبحث والدراسة لإظهار خطورة الهجرات من المناطق الريفية الي المدن كنتيجة مباشرة لإهمال التنمية، وعدم رفع مستوي المعيشة في المناطق الطاردة للسكان, وتدفع بالتالي المناطق الجاذبة لهم ثمناً باهظاً من خدماتها ونموها فتكون النتيجة كارثية علي مختلف الاطراف والدولة ككل، وتعتبر مصر نموذجاً حياً وعملياً لهذه الظاهرة عند دراستها،

([3]) **جريدة الأهرام المصرية – 18 مايو 2011.**

فالمدن المصرية الكبرى لحقتها مظاهر ترييف واضحة نتيجة إهمال الأقاليم, وبالتالي الهجرة الدائمة نحو المدن بحثاً عن العمل والخدمات, وغني عن القول أن العقود الاخيرة من عمر هذا الوطن شهدت تدهوراً حاداً في الخدمات, وظهور عشوائيات سرطانية مفعمة بالامراض الاجتماعية ألقت بظلال قاتمة على حركة المجتمع بأكمله نتيجة تفاقم هذه الظاهرة وما صاحبها من فساد الأجهزة المحلية.

ولعل أخطر تلك الامراض هي المنظومة القيمية والسلوكية التي تحكم تلك الظاهرة ومنها السلوكيات القبلية التي تجعل مثلاً من القانون العرفي سيداً على القانون المدني، وتحول القبيلة أو المسجد أو الكنيسة الى هيئات سيادية فوق الدولة, وأغلب الظن أن شيئا كهذا يحدث الآن في مصر. وأكبر مثال على ذلك أزمات وفاء وعبير وكاميليا حيث الحديث الدائم عن قضايا الشرف، وهي ظاهرة قبلية في المقام الأول، ثم اللجوء إلى رجال الدين للقيام بدور سياسي، وأيضاً مبادرتهم هم أنفسهم نتيجة ضعف دولة القانون إلى المغالاة في الفوز بأدوار مزعومة لحسابهم الشخصي مما يؤدي الى مزيد من الوهن في جسد الدولة. وبنظرة متأنية على المشهد الراهن فقد يرى البعض أن هذا المجتمع لاهم له سوى الصلاة والصيام والتهجد والركوع والسجود واقامة الحدود والذهاب للمسجد والكنيسة ليل نهار دون اعتبار حقيقي لقيم العمل والتعمير والتنمية ومحاربة الجهل والمرض والفقر والتخلف والعصبية القبلية، من المثير والمدهش أن نرى مصر حالياً وقد تحولت فقط إلى دولة مشايخ وقساوسة وهو ما

يقود البلاد بالقطع إلى الخلف نحو مزيد من الترييف والقبلية والعنف, وما أحوجنا الآن إلي مشروع قومي شامل وحاضراً ومستقبلاً ينتشل المجتمع من هذه الظاهرة الخطيرة قبل استفحالها أكثر من ذلك، ولعل عماد هذا المشروع مجددا إعلاء دولة القانون والمواطنة والعمل بشتي السبل علي دعم الديمقراطية السياسية في مواجهة الكهنوت الديني بكل أشكاله.

ترييف المدن وتدمير الريف([4])

الدكتور ميثم مرتضى الكناني

الريف منظومة من العادات والقيم والاعراف منها ما هو جيد ومنها ماهو سئ، وبعيداً عن تقييم ومحاكمة هذه المنظومة على مشرحة النقد، فإن بناء أي مجتمع بناءً حضارياً يحتاج إلى عناصر أهمها الاستقرار العام للدولة والدينامية الذاتية التي تسمح بالمراجعة والتنقيح للتجربة، والعنصر الثالث هو الأخذ بالنهج العلمي للإدارة. ومن خلال هذه العناصر الثلاثة: الاستقرار والحركية واتباع النهج العلمي نستطيع كمجموعة بشرية أن نرتقي ونتقدم.

([4]) **موقع: كتابات في الميزان:**

http://www.kitabat.info/subject.php?id=23499.

ولو تصفحنا تاريخ العراق المعاصر بدءًا بعهد السلطة العثمانية التي لم تترك أي مقوم من مقومات الحضارة والتمدن في المجتمع بخلاف بعض الجزر البشرية من العوائل الارستقراطية المرتبطة منفعياً أو روحياً بالسلطة، فيما يغرق جل المجتمع في غياهب الجهل والتخلف والانقسام، لم يشهد العراق بناء حقيقياً لدولة الحقوق والواجبات، وإنما تعاقبت على حكم العراقيين سلسلة من النظم المستبدة، مرة باسم الحق الوراثي والملكية الدستورية المزعومة، وتارة أخرى باسم الشرعية الثورية والخطاب الأيديولوجي المكثف الذي يقدم كل شئ على المواطن وحقوقه البسيطة بالأمن والحرية والعيش الكريم.

ولم يغير المستعمر البريطاني في بداية القرن الماضي ولا الأميركي في بداية هذا القرن كثيراً من هذا الواقع وكأننا نعيش ذات السيناريو الذي عاشه جيل الآباء في القرن الماضي، ونتتبع خطواته وفصوله ولو على كراهة فيما يصح تسميته بالتطور الطبيعي للعراق من وضع الإدارة الاستعمارية المباشرة، فالانتداب ومن ثم الاستقلال الظاهري، والارتهان الفعلي لإرادة المستعمر عبر أدواته المحلية لقد كان لهذا التطور فضل في تصاعد الوعي لدى الشرائح المثقفة من أبناء الطبقة الوسطى الامر الذي عجل في قيام ثورة 14 تموز الخالدة عام 1958، والتي أرادت بناء مجتمع حر وعصري يقوم على أساس الإنسان المواطن. وكان من ثمار الثورة الإجهاز على آلة

القمع العشائرية المتخلفة التي كانت شريكاً فعلياً في كل جرائم المستعمر وزمرته المنصبة من قبله على رقاب الشعب.

ولكن سرعان ما انبرت قوى الغدر لتجهز على الثورة وقائدها وتعيد إنتاج حالة الاستعباد للشعب وسرقة ثرواته واستباحة مقدراته من قبل الزمرة النفعية الحاكمة، أن مشكلة هجرة أبناء الريف للمدينة ليست مشكلة عراقية متفردة، وإنما تشاركنا فيها كل الدول التي تشترك معنا في ظروف الحكم الاستبدادي وغياب الديمقراطية واستشراء الفساد حيث ينعدم التخطيط الاستراتيجي وتهمل المشاريع الصناعية والزراعية ويتعطل الابداع بفعل استيلاء الجهلة على مواقع القرار ما يعني بعثرة الجهود والثروات على الأمور والمشاريع الكمالية واستنزاف المقدرات على كل ما هو سطحي فيتعطل الاقتصاد وتنتشر البطالة وتتفسخ مؤسسات الدولة وتتحول إلى دكاكين للاتجار بالمال العام المنهوب فيطبق الفقر على أعناق الأكثرية، ويبدأ بالأقل دخلاً والأكثر محرومية، وما يرافق ذلك من نسب عالية من الأمية ما، يجعل هذه المجاميع مشاريع للجريمة والانفجار رهن الصدفة أو المناسبة أن أكبر موجتين من موجات الهجرة من الريف إلى المدينة كانت تلك التي شهدها العراق في الأربعينات والخمسينات من القرن الماضي، وكان أغلبها من المحافظات الجنوبية (ناصرية عمارة) باتجاه بغداد لأسباب عديدة ويقف على رأسها، أولاً: الهروب من سلطة الاقطاع وقسوته وظلمه، وثانياً: انعدام فرص العيش في الريف بسبب الاهمال الحكومي

للمشاريع الإروائية من سدود وخزانات ومشاريع بزل التي تحتاجها الزراعة فضلاً عن غياب المشاريع الخدمية التي تساعد الفلاح على الاستمرار في أرضه وعدم مبارحتها؟

أما الموجة الثانية فقد بدأت عام 1980 أما بسب مباشر للحرب من خلال لجوء سكان المناطق الريفية على الحدود إلى مراكز المدن الأكثر أمناً أو بسبب غير مباشر من خلال منح الحكومة ذوي ضحايا الحرب من شهداء واسرى ومعوقين قطع أراضي وامتيازات مادية أخرى سهلت لذويهم السكن في مراكز المدن ما مثل هجرة تعد هي الأكبر بعد هجرة الأربعينات من القرن الماضي، وشهدت مرحلة التسعينات من القرن الماضي فرض الحصار الدولي على العراق بعد غزو الكويت عام 1990 ما شكل فصلاً آخر من فصول النزوح نحو المدن الكبيرة بسبب عاملين رئيسيين، أولهما تجفيف الأهوار في الجنوب وإجبار مئات العوائل الريفية في الجنوب على تغيير مواقع سكناها بحثاً عن ظروف حياة بديلة، والسبب الآخر كان تردي الاوضاع المعيشية في المدن العراقية عامة وخاصة في المدن الجنوبية الأكثر فقراً ماسبب هجرة وبعداد كبيرة باتجاه العاصمة بغداد للعيش والعمل.

إن أهم السلبيات التي تنطوي عليها هجرة الريف للمدينة هو نقل التقاليد الريفية المتمثلة بما يلي:

1 – (الكوامة والنهوة وغسل العار...) إلى واقع المدينة الأكثر تحضراً فضلاً عن

2 – المزاج الحاد الذي يميز ابن الريف ونزقه المعهود بفعل بيئته القاسية واستسهاله استخدام السلاح الذي هو جزء لا يتجزأ من وجوده الريفي والقبلي. ما يتسبب في الغالب في حصول قتولات ونزاعات لا تشهدها المدن في الغالب بسبب الطبيعة المسالمة لأبناء المدن.

3 – تغليبه المعروف للمصلحة والمنفعة الشخصية والعائلية على حساب المصلحة العليا، لأن الأخيرة لا تمثل له جزءاً من منظومته المجتمعية التي تربى عليها والتي تعمل وفق المقولة (أني وأخي على ابن عمي وأنا وابن عمي ع الغريب) والمبنية على أساس من تقديس وتقديم رابطة الدم على ماسواها من روابط.

4 – عدم الاعتداد غالبا بـ "**التحصيل العلمي**" في مسالة تقييم واختيار القيادات حيث ان القيادة العشائرية هي حالة وراثية، لا علاقة لها بالمؤهل وإن وجد فعلى سبيل (البرستيج لا أكثر).

5 – تغليب الكثرة على النوع في نزعتهم للتكاثر العددي باعتبارها واحدة من اسباب العزوة والقوة.

6 – النزعة الفطرية لاختراق القانون وعدم احترام النظم ويمكن تلمسها في السلوك الفطري الذي يخرق القانون عند الأشخاص من أصول ريفية في الأشياء البسيطة من حالات تطبيق القانون مثل طوابير المخابز أو الإشارات الضوئية وانتهاءاً بالأشياء الأكثر خطورة من خلال تولي أفراد من أصول ريفية مواقع قانونية أو مناصب رسمية ما يجعلهم أكثر استعداداً لخرق التعليمات وتسهيل معاملات أقاربهم من أولئك المتحدرين من مراكز المدن.

7 – سيادة الفكر الأحادي الإطلاقي الذي لا يؤمن بالتعدد أو التعايش بفعل البيئة احادية اللون التي نما وترعرع فيها ابن الريف.

8 – عدم اعتداده بالامور الجمالية والذوقية ما يجعل المتحدرين من أصول ريفية أقل حماساً للمشاريع الفنية بل تجدهم يعتبروها إما شيئاً مخلاً بالآداب أو موضوعاً لا طائل ولا فائدة من وراءه.

10 – النظرة الدونية للمرأة تأسيساً على واقع الريف الذي يمتهن المراة ولايعترف لها بأي دور في الحياة العامة.

إننا لا نبتغي من وراء ذكر هذه الأشياء الحط من قيمة الريف شخوصاً وجغرافية بقدر ما نتمنى عكس المعادلة وتحويل الهجرة من المدينة للريف، بعد معالجة أسباب تردي أوضاع الريف التي أدت إلى الهجرة أن استمرار هجرة الريف للمدن

يمثل تغييراً في طبيعة ونمط حياة المدينة، فضلاً عن تدمير الاقتصاد واستنزاف الموازنات الحكومية على تقديم خدمات أساسية للمدن التي تتوسع بدون منهجية صحيحة، بسبب التجاوزات المتمثلة بالأحياء العشوائية على تخوم المدن، مع ما تمثله من خطر أمني يتمثل في إيواء هذه الأحياء مع ما تعانيه من محرومية تجعل من الحياة فيها نسخة مكربنة معكوسة لواقع الحياة الطبيعي للمدن، الأمر الذي يشجع الارهاب والتطرف واستشراء الأفكار الهدامة في المجتمع، فضلاً عن أن استمرار هروب اليد العاملة الزراعية من الريف إلى المدن يعمل على تآكل القاعدة الزراعية للبلد والتي هي ركيزة وصمام أمان أمام التقلبات الاقتصادية العالمية أن الحكومة مطالبة بوضع سياسات استراتيجية لتسوير الريف وحمايته وتنميته وتطويره من أجل الارتقاء بواقع أبناءه وتحويلهم من أجراء إلى شركاء في واقع البلد وتوفير البنى التحية لمجتمع زراعي متفوق لا يحتاج للمدينة، بل يضخ إليها الموارد والمواد الأولية ويسهم بحل أزمة البطالة المستشرية بالمدن لما في القطاع الزراعي من قدرة متعاظمة على خلق فرص للعمل فيما لو تم تحديث وتطوير القطاع الزراعي وفق المواصفات العالمية المعتمدة على المكننة والتكنولوجيا الإروائية وطرق الوقاية المبتكرة ضد الآفات الزراعية.

إن مجتمعنا بحاجة إلى توازن علمي ومنع اختياري لهجرة الريف للمدينة من خلال تحويل الريف إلى قبلة وفرصة يتسابق إليها أبناء المدينة، لا كما فعل الطاغية

المقبور عندما فرض القوانين التي تصنف العراقيين إلى طبقات، وأخبثها قراره بمنع إسكان من ليسوا مقيمين في بغداد قبل تعداد 1957، حيث إن الهجرة من الريف لها أسبابها التي إن عولجت ستمنع أبناء تلك القرى من مبارحة مناطقهم والذهاب للمجهول، ورغم أننا نقر بحق الانتقال والذي هو مكفول لكل عراقي حسب الدستور العراقي، إلا أننا لا نجد أن هذا الانتقال هو اختياري بل يقع في خانة الانتقال القسري، بسبب تجاهل الحكومة لواقع الريف. وعليه فإننا نطالب الحكومة لتحسين واقع الريف ومنع هذا النوع من الانتقال القسري من الريف إلى المدينة.

الدولة والمجتمع المَدِنِيّ[5]

الدكتور عبد الإله بلقزيز

بين قيام الدولة وتطوّرها ورسوخها ونشوء المجتمع المدني ورسوخه علاقة ارتباط وتلازم. فالمدينة حاضنة الدولة وفضاؤها الاجتماعي التحتي، ولا مجال لافتراضها خارج هذا الفضاء أو بعيداً عنه. والمدينة ليست مجرّد فضاء جغرافي سكاني متميز عن سواه من فضاءات الاستقرار بشروط يُسْر الحياة التي يتمتع بها، ووفرة فرص العمل، وأسباب تحصيل فرص الترقّي الاجتماعي، فهذه جميعها لا تقوم من المجتمع المدني مقام الأساس الذي يولّده، وإنما هي من تظاهراته ونتائجه. وعلى

(5) **جريدة الخليج الإماراتية – 9 نوفمبر 2010.**

ذلك فالمسافة بين الفضاء المديني والفضاء الريفي أو القروي ليست مسافة دَرَجية،
كمية، قابلة للتجسر من طريق تطور الثاني إلى نصاب الأول، وإنما هي محكومة
بعلاقة هي التمايز بين بنيتين للاجتماع البشري.

تبدو هذه العلاقة أوضح في التمايز كلما كان الفضاء غير المديني مشدوداً
إلى طابع البداوة أكثر، مثلما هي حاله في الأعمّ الأغلب من المجتمعات العربية
المعاصرة. حينها تقاس المسافة الزمنية بين المدن والأرياف بالقرون لا بالعقود.

قلنا إن الفضاء المديني ليس فضاء جغرافياً سكانياً فحسب، ونضيف الآن
أنه فضاء اجتماعي سياسي ثقافي متميّز بنوع من العلاقات والروابط السائدة
والحاكمة تختلف عن تلك التي تسود خارجه، هي علاقات الانصهار والاندماج التي
يفرضها الجوار المديني، والعمل، والانتساب إلى مؤسسات اجتماعية أفقية حديثة
كالنقابات والجمعيات المهنية وسواها. لا تلتغي في هذا الفضاء علاقات القرابة
وروابط الانتماء التقليدية تماماً، لكن مفعولها يتضاءل أكثر حتى بوجود جمهورها في
المدينة وفي الحيّ نفسه، إذ الجوار في مثل هذه الحال من الانتماء المديني لا يفرض
أحكامه وحده أو لا يكون له المفعول عينه كما في المجال غير المديني.

المدينة بهذا المعنى ليست نمط عيش أكثر تنظيماً وعقلانية فحسب، وإنما هي
فوق ذلك الإطار الاجتماعي الجديد لتوليد روابط التشابك في المصالح بما هي مبدأ

الاجتماع ومن حيث هي عبارة للحدود التي ترسمها العائلة والجماعة الدموية، أي بُنى القرابة والمجتمع الطبيعي.

ليس موضوعنا أن نخوض بالتحليل في إشكالية التمدين والتمدن من وجهة نظر الأنثروبولوجيا الاجتماعية، وإنما يعنينا منها فحسب ما بين الدولة والمدينة من صلة، وما يتولّد عن الصلة هذه من ديناميات جاذبة أو نابذة في عملية تطوّر كيان الدولة ونظام اشتغالها، وخاصة في حالة الدولة في الوطن العربي المعاصر، وما نزعمه من أثر كبير لتراجع نمط الاجتماع المديني في عُسْرِ تكونها أو على الأقل في تدهور حالة التكوين والعودة بها إلى وراء. والصلة بينهما (الدولة والمدينة) مؤكدة وثابتة، ليس تاريخياً فحسب، حيث الدول نشأت في المدن الكبرى (الحواضر)، وإنما وظيفياً أيضاً، حيث الادماج والصهر من السمات الأميز الجامعة بينهما. وليس من باب الصدفة أن التماهي بينهما انتقل من الوظيفة إلى التسمية، فالمنتمي إلى الدولة: المواطن يحمل صفة المنتمي إلى المدينة. والتداخل الجغرافي الكياني بينهما قام في التاريخ على نحو تطابَقَتَا فيه أحياناً وعَنَتَا الشيء نفسه: الدولة المدينة كما في أثينا القديمة وفي جنيف حديثاً.

إذا كان نشوء الدولة الحديثة وصعودها في البلاد العربية قد ارتبط بانتقال حاسم نحو المجتمع المديني، وكان ذلك في وجه منه بأثر من ميلاد صناعة حديثة وطبقة عاملة وتوسّع للطبقة الوسطى وانتشار للتعليم . . إلخ، فإن تدهورها اليوم

ومنذ عقود إنما يجري في امتداد تراجع الوجه المديني في الحياة الاجتماعي والسياسية، والتّبَدّي (من البداوة) المتزايد لوجوه من تلك الحياة داخل النطاق المديني نفسه وللعلاقات الاجتماعية العامة. إن تينك الظاهرتين (الانكفاء المديني وتجدد نظام البداوة) تتكرسان اليوم في سياق عام من تفكك الإنتاج (الزراعة والصناعة معاً) والقوى المنتجة، ومن ضمور للطبقة الوسطى وتراجع مروّع لأدوارها في الحياة العامة وفي المجال السياسي على نحو خاص.

نرصد، سريعاً، وجهين من وجوه التراجع الحاد الذي أصاب الفضاء المديني وقيمه في المجتمعات العربية والآثار التي رتبها ذلك على تطوّر كيان الدولة ودَهْوَرَتِه .أول الوجهين ما شهده الفضاء المديني من أشكال الإفقار المختلفة للقيم التحضرية في العقود الثلاثة أو الأربعة الأخيرة، في الأعمّ الأغلب من المجتمعات العربية، نتيجة تدفق سيل هائل من العلاقات الريفية عليه والقيم الاجتماعية المحمولة في ركابها واستقرار الكثير منها في النسيج المديني وتلبُّسها به. وليس عسيراً إدراك الأسباب التي أفضت إلى هذه الظاهرة الجديدة من التربيف الحادّ التي أصابت المدينة والمجال المديني العربي، لأن تلك الأسباب تكاد تكون اليوم معلومة لدى الباحثين الاقتصاديين وعلماء الاجتماع: خراب القطاع الزراعي والتدمير العشوائي والمنظّم للقوى المنتجة الزراعية، وما نَجَم منه من هجرات جماعية كثيفة من القرى والأرياف

في اتجاه الهدف بحثاً عن العمل والاستقرار. لم تُحدِث هذه الهجرات الاضطرارية تغييراً في التوازن السكاني فحسب، وإنما في أنماط الحياة والقيم والعلاقات والأذواق.

ولقد كانت المشكلة ولا تزال أن المجتمعات الريفية ظلت مهمشة ولم تَحظ بأي قسط من التحديث والتمدين، وحين تدفقت على المدن حملت معها الكثير من مواريث اجتماعها التقليدي وأدخلتها في نطاق مديني كان قد تخلّص منها نسبياً منذ جيلين من تاريخ تدفقها عليه.

وثاني الوجهين ما يعانيه المجال السياسي اليوم، بل منذ عقود، من صور الترييف المتمادي له وخاصة على صعيد السلطة نتيجة تدفّق نخب سياسية وعسكرية جديدة عليها من منابت غير مدينية. وليس من شك في أن أول مظاهر ترييف السلطة بدأ من الانقلابات العسكرية وولوج فئات اجتماعية، ريفية الأصول ومن غير مجتمع الطبقات الوسطى المدينية، في نسيج السلطة والنظام السياسي وتسلمها لسلطة الدولة وتلوينها السياسة بلون غير مديني في الغالب. غير أن صيرورة الترييف السياسي تزايدت بمعزل عن واقعة الانقلابات، وفي سياق تطور اجتماعي "**طبيعي**" قَذَفَ بالمجتمعات الريفية إلى المدن وبمتعلّميها وخرّيجيها إلى إدارات الدولة ومراكز القرار في المعظم من البلدان العربية. وإذا كان ذلك يمثّل، في وجه منه، تعبيراً عن حركية اجتماعية إيجابية وعن دينامية من ديناميات الصهر والدّمج، إلاّ أن المشكلة هي في تلك الفجوة التي لم تُسَدّ بين المجتمعات الريفية والمجتمعات المدينية، والتي

يظل من مضاعفاتها السلبية ظاهرة الترييف التي ألقت بنتائجها على صعيدي الاجتماع المدني والاجتماع السياسي.

وجوه أخرى لـ "العراق الجديد"

الترييف من المؤسسات إلى القناعات[6]

ممدوح الشيخ

يشكل الترييف حزمة قيم وممارسات وقناعات ورموز؛ بدءا من تقديس الأرض ووصفها بأنها "**عِرض**"، وتحويلها من مجال لنشاط اقتصادي، كأي معطى مادي آخر، لمصدر للقيم. وتشمل الحزمة أيضا شيوع جرائم الشرف، وانتشار العنف الاجتماعي، وكراهية الإجراءات، وقلة الاكتراث بالزمن وربط المواعيد

---

(6) **مجلة الصوت الآخر – كردستان/ العراق 31/3/2009**

بالظواهر الطبيعية لا بساعة محددة ''آخر النهار ـ بعد الظهر ـ ليلا ـ....''، مرورا بالانحياز إلى **"ثقافة الاعتزاز"** على حساب **"ثقافة الإنجاز"**، حيث المكانة مصدرها الأصل الذي ينحدر منه الإنسان وليس ما هو قابل للكسب.

ويتضمن الترييف أيضاً ميلاً إلى **"الثقافة الشفاهية"**، وفي نهاية المطاف ينجم عن **"الترييف"** روح قدرية شاملة مصدرها طبيعة الزراعة كنشاط يعتمد على أقل قدر من الجهد، حيث تتحول البذرة لنبات مثمر دون تدخل يذكر من الفلاح.

والترييف كحالة اجتماعية ثقافية، يطرح أسئلة عديدة في مقدمتها التراتبية بين أشكال الاجتماع الإنساني وما إذا كان الإسلام منحازاً لأي منها؟

الباحث الأردني إبراهيم غرايبة يرى أن المجتمعات والحضارات تتجه في مسارها العام إلى التمدن، فالمدن كانت مركز الحكم والثقافة والرسالات السماوية أيضاً، ويعتبر ترييف المدن والسلطة والثقافة العربية معاكساً للاتجاه المفترض لتطور الحياة العامة والسياسية، وربما يكون من أسباب فشل التنمية والإصلاح والمشاركة السياسية والعامة.

وتجمع الناس حول المكان في عقد اجتماعي هو أهم خطوات ومقتضيات التحضر، فالمدن مركز العمل العام والاجتماعي والحضاري والإبداع، ويقتضي ذلك بالضرورة انتماء الإنسان منتمياً لمدينة أو تجمع حضري، فالرعاة والصيادون لا يمكن

أن يؤسسوا أعمالاً ومشاريع وبرامج اجتماعية وثقافية. والفكرة الجامعة للناس حول المكان أساس الدول والحضارات والعمل العام؛ لأنها تنشئ مصالح وتشريعات وثقافة منظمة للإدارة والحياة السياسية والثقافية مستمدة من تفاعل الناس مع المكان، وتعاقدهم على الأمن والعدل وتحقيق المصالح والاحتياجات وفق تفاعلهم مع المكان وليس وفق ما تقتضيه بيئة الإنتاج والحماية الأخرى المنتمية للريف أو البادية.

وكانت إقامة مجتمع إسلامي أساس الدعوة الإسلامية، وسميت يثرب "**المدينة**" في دلالة رمزية مهمة على أن الإسلام يطبق أساسا في مدينة، فالرسالة لا تنجح ولا يصح أن تكون ابتداء في القرى الصغيرة والمراعي والتجمعات المحدودة، وكان الرسول ينهى من ينتقل للمدينة من البدو عن العودة، ليبني مجتمعاً مدينياً.

وأحكام الإسلام تؤسس لسلوك مديني متحضر يستوعب المكان الذي يجمع الناس، كالاستئذان عند دخول البيوت، والنهي عن رفع الصوت، والتجمل والتطيب والنظافة، وإشهار الزواج،....والذوق العام، وغير ذلك مما ينشئ عادات وتقاليد وثقافة مكانية مدينية ومجتمعية.

والمواطنة والجنسية عقد والتزام بين طرفين: الدولة والمواطن، وتقتضي الانتماء والمشاركة وأداء الواجبات، والمواطنة ليست عرقا أو إثنية، بل تقوم على المكان، فمواطنو الدولة يتجمعون حول فكرة جامعة للدولة تقوم على أساس المواطنة والالتزام

نحوها والتمتع بالحقوق والفرص التي تتيحها، فالانتماء يقوم أساساً على المكان، والمواطنة والجنسية علاقة اجتماعية تنشأ مع المكان.

والتمدن كضرورة ليس ترفاً، بل ضرورة يقتضيها نشوء المدن، فلا يمكن إقامة جامعات وبرلمانات وشركات ومصانع دون ثقافة مدينية لإدارتها وتنظيمها. والكارثة في منطقتنا هي استخدام الأدوات والمناهج الريفية لإدارة دول ومؤسسات ومجتمعات مدنية كبرى، فإذا كانت الثقافة الريفية أو البدوية تكونها تجمعات صغيرة قائمة على نمط معين من الإنتاج والانتماء والحماية، فلا يمكن تصور كيف تنظم هذه الثقافة تجمعات سكانية ومهنية وسياسية كبرى ومعقدة لا يربطها ببعضها ما يربط المجموعات الصغيرة من السكان المتشاركين في النسب والمصاهرة والعمل والحياة.

ودائما ترتبط ظواهر: الديكتاتورية وتسلط العسكر وحكم الفرد بغياب أو تهميش الطبقة الوسطى (مهنيين، برجوازيين، مثقفين....) ممن يحملون خصائص المدينة، وبتسلط العصبيات الريفية والقبلية على الحكم والإدارة والأحزاب والجماعات (مع كل الاحترام لأهل ريفنا) وهناك من يعتبر البدونة **"أي إعادة إنتاج البداوة"** الوجه الآخر للترييف، حيث كلاهما يمثل المرحلة السابقة على **"المدينة"**.

وبزوال النظام البعثي في العراق ظهر سيل دراسات عن المجتمع كنموذج للنتائج السلبية للترييف والبدونة، فأهم حصاد لحكم البعث أن الثقافة الاجتماعية

للشعب العراقي (وهو واقع يمكن تعميمه عربياً بدرجات متفاوتة) أصبحت مزيجا من البداوة والحضارة.

والعراقي مزدوج الشخصية تتصارع فيه قيم البدوية والحضارية، ومع الزمن كان "**الحضاري**" يتزايد على حساب البدوي. وبسبب تقديس البداوة زحفت ثقافة الصحراء والريف على المدينة. فمعظم قادة البعث من خلفية ريفية وعشائر بدوية، وهم أحيوا القيم البدوية وقلدوا حياة البدو في حياتهم اليومية.

ومن ناحية التنظيم الاجتماعي تم إحياء القبلية والأحكام العشائرية في حل المنازعات بين الناس فأعطيت صلاحيات واسعة لشيوخ العشائر، وتحول الشعب العراقي لاتحاد قبلي بين هذه العشائر، وبذلك تمت إعادة المجتمع العراقي للبداوة على حساب الحضارة. ومنذ الانقلاب على الملكية هناك صراع بين "**التمدين**" و"**الترييف**" وهو بالتالي كان انتصاراً للريف على المدينة. وبداية استئثار عصبية ريفية بالسلطة. وهذه الظاهرة لم تتمكن الأيديولوجيا من إخفائها عن عين الناظر إلا قليلاً. فاحتلت الثقافة الريفية المشهد السياسي العراقي وتحولت المدينة الى ساحة لسلطة ريفية تحمل معها عصبياتها وولاءاتها التقليدية وقيمها أيضاً، فيما تعرضت النخب السياسية المدينية لضربات موجعة أفقدتها جلّ مقومات البقاء.

ولم يكن غريباً إنتاج بنية تحتية في السلوك السياسي تعتبر مؤسسات المجتمع المدني عدواً محتملاً دائماً تجب مراقبته والسيطرة المستمرة عليه، فحيازة الحقيقة هي ميراث ريفي بجدارة. وفي هذا الوضع، لم تعد ثمة حدود دستورية واضحة تقيّد اعتباطية قرارات القائد **"الملهم"** و**"الفارس"** ذي الأصل الريفي.

الفلاح والبرنس([7])

فؤاد السعيد

يصور "**أهل كايرو**" مدينتهم "**الفاضلة**" بأنها على درجة من التحضر والتحرر وقبول التعددية الثقافية والاجتماعية والدينية، وأن هؤلاء الريفيين غزوها وقضوا على الأخضر واليابس فيها تكشف "**جُمع**" الإسلاميين "**الثورية**" بجلاء، التركيبة الاجتماعية الداعمة لهذا التيار، جمهور ريفي يتحرك للتحرير – وكافة ميادين المدن – في أتوبيسات من كافة قرى مصر، بعضهم جاء بأسرته النووية أو الممتدة،

([7]) **جريدة الوطن المصرية – 12 يونيو 2012.**

رجال ونساء وأطفال يحملون أكياساً وعلباً بلاستيكية وأواني طعام وزجاجات ماء لقضاء اليوم كاملاً وحتى السادسة مساء في الميدان دعماً **"للإخوان"** أو **"السلف".**

الكتلة الثانية المشابهة في هذه **"الجُمع"** هي ممن طردهم فقر الريف ودفعهم لمغادرة محافظاتهم الريفية بحثاً عن الرزق فاستقروا على أطراف المدن ومناطقها العشوائية وأحيائها الفقيرة ضمن ما يعرف بظاهرة **"ترييف المدن"،** أو ظاهرة التراقص السكاني، حيث ينتقل بعضهم يومياً من القرية للمدينة، ليس لدى أدنى تردد أو شك في اعتبار عشرات بل مئات الآلاف الذين توافدوا للميادين في هذه **"الجُمع"** بمثابة الخروج الثاني أو الثورة الثانية للمصريين بعد ثورة 25 يناير، ثورة الريف على المدن، عادة ما يعجز هؤلاء الريفيون عن الاندماج في مجتمع المدينة ومنظومة قيمها الحديثة وسرعة إيقاعها والأهم نتيجة لغطرسة سكان المدينة الأصليين، ما يدفعهم للاحتماء بجماعاتهم الريفية، في مناخ نفسى واجتماعي يستدعي منظومة قيم ثقافية تساعدهم على التماسك واستعادة الثقة، كما تدين ثقافة **"أهل كايرو"** الظالمة بقدر ما تشيد بثقافة الريف **"الأصيلة"** المغلفة بالتدين بالضرورة، هذه الفئات هي التي ارتاحت للتصور السلفي — بتنويعته الإخوانية المتسلفة — وهي ذاتها التي سبق أن أنتجت لنا **"السلفية الجهادية"** قبل ذلك، في المقابل يصور **"أهل كايرو"** مدينتهم **"الفاضلة"** بأنها على درجة من التحضر والتحرر وقبول التعددية الثقافية والاجتماعية والدينية، وأن هؤلاء الريفيين غزوها

وقضوا على الأخضر واليابس فيها، ما دفعهم لمغادرة مدينتهم التي تريفت إلى مدنهم الجديدة فوق الهضاب الجافة حول القاهرة القديمة، وبينما نزل مرسي إلى الميدان بعد تأهله لانتخابات الإعادة لاستقبال جمهوره من الريفيين القادمين لدعمه، اختار شفيق أن يعقد مؤتمره في أعلى نقطة لهضبة القاهرة الجديدة وفي أرقى فنادقها العالمية محاطاً بقصور الطبقة الراقية والكومباوندات المسيجة بأسوار **نفسية** عالية لا مبرر هندسي لها.

يشعر **أهل كايرو** من أبناء الطبقة العليا ذات الأصول الإقطاعية والبيروقراطية بنوع من عدم الألفة مع الصورة الاجتماعية — الثقافية الريفية لمرشح الإخوان محمد مرسي، في المقابل يجسد مرسي في نظر أهالي الريف ومُتريفي المدن صورة الريفي العصامي الذي تفوق ووصل لأعلى المناصب الأكاديمية وأعلى مكانة سياسية، وعلى الجانب الآخر لا يرتاح الجمهور الريفي لجمود وغطرسة أحمد شفيق الذي يجسد لـ **أهل كايرو** صورة تدمج خيالات برنسات ما قبل يوليو بخيالات السلطة العسكرية بعدها.

لأستاذ العلوم السياسية الأمريكي إدوارد بانفيلد جيم كتاب مهم يشرح فيه أهمية نشوء غطاء أخلاقي (مدني أو ديني) للمجتمع المتخلف الذي يتمحور حول العائلة أو الجماعة أو شلة المصالح في المدن أو الريف، كل بما يناسبه، ويكاد وصفه

للمجتمع المتخلف ينطبق على حالتنا المصرية الراهنة، فهو مجتمع يضحي بالصالح العام من أجل المحسوبية، ويتسم أفراده بالحسد والريبة والشك ورفض مساعدة الآخرين بل ومحاولة عرقلة نجاحهم الذي هو بالضرورة ضد مصالحهم، وبالتالي يعجزون عن العمل معاً من أجل حل المشاكل المشتركة.

أخيراً لا تجد الشرائح المثقفة من الطبقة الوسطى المدينية مرشحها في انتخابات الإعادة بعد غياب صورته المدنية (صباحي) وصورته الإسلامية المعتدلة (أبو الفتوح)، هذه الطبقة التي فجر أبناؤها شرارة ثورة 25 يناير لا تعجبها صورة غطرسة وجهاء المدينة المتحكمين في البلاد عبر أجهزة الأمن والجهاز البيروقراطي للدولة، كما لا تعجبهم صورة مرسي التي تعبر عندهم عن خبث وتذاكي أهل الريف ممن يجيدون تسطيح القضايا وتسويف الوقت والتهرب من أي التزام.

وما أدراكَ ما اليسار ؟..!!(8)

أحمد طه النقر

أعتقد أن القيادي الإخواني عصام العريان ارتكب غلطة عمره عندما هاجم تيار اليسار ووصمه بتهم تدل على أنه لم يقرأ تاريخ مصر جيدا ، ولا يعرف معنى اليسار..!!

فقد زعم أن فشل اليسار في مصر يرجع لتلقيه تمويلاً خارجياً وخضوع للنفوذ الأجنبي واحتقاره للدين وتبنيه خطابا متعاليا..وبقدر ما سببته تصريحات العريان الغريبة والمفاجئة من صدمة لفصائل اليسار واليمين على السواء، فإنها كشفت عن

---

(8) موقع الدستور الأصلي – مصر – الأحد 26 أغسطس 2012.

نوايا مبيتة لاحتكار السلطة وعدم السماح بتداولها عن طريق تشويه وتخوين الخصوم السياسيين، وخاصة المنافسين المحتملين، تمهيداً لتكفيرهم في موسم الانتخابات.

واللافت للنظر أن العريان وجه الى اليسار تهمتين كان الاخوان قد وجهوهما الى ثوار التحرير الذين أصروا على مواصلة الثورة حتى تحقيق أهدافها وتقديم قتلة الشهداء الى العدالة..حينئذ اتهم الإخوان الثوار بالعمل وفقاً لأجندات أجنبية وتلقي تمويلات من الخارج!!...

ويعلم العريان جيدا أنه لولا تضحيات غالية دفعها هؤلاء الثوار النبلاء ، ومعظمهم من فصائل اليسار ، لما قامت الثورة أو نجحت، ولكان أغلب من يحكموننا الآن لا يزالون في غياهب المعتقلات.

ومن سخريات القدر أن يكون العريان نفسه هو الذي يعلن في إجتماع للقوى الوطنية يوم 23 يناير 2011 ،أن الإخوان لن يشاركوا في مظاهرات 25 يناير التي دعت إليها منظمات وأحزاب وحركات يسارية مع شباب ونشطاء الفيسبوك.

أما حلفاء الإخوان من السلفيين فلم يكتفوا برفض التظاهر وإنما أفتى بعضهم بتحريم الخروج على الحاكم حتى ولو كان ظالماً!!...

والحقيقة التي يتعين أن يدركها سياسي وقيادي بحجم العريان هي أن اليسار هو الذي ينشد التغيير ويلهم ويقود الثورات ويصنع التقدم ..أما الجماعات والاحزاب اليمينية مثل جماعته فلا تحبذ التغيير.

الثوري وإنما تميل للمحافظة على الاوضاع القائمة دائما وإذا دعت للإصلاح فعلى استحياء وبالتدريج.

وهذا هو دأب الإخوان وديدنهم منذ نشأتهم كجماعة "دعوية سلفية" على يد المؤسس حسن البنا عام 1928..ولذلك لم يكن غريبا أن يتم تبريد الثورة وتدجينها على أيديهم بحيث تكون مطية طيعة تحملهم إلى كرسي السلطة وكفى المؤمنين شر القتال.

وتم ذلك بتنسيق وتعاون واضحين مع المجلس العسكري الذي لم يكن يهمه من الامر كله سوى التخلص من مشروع التوريث ولتذهب الثورة إلى الجحيم..وحتى لا يتهمني البعض بالتحامل على الإخوان فإنني أحيل القراء لكتاب الباحث الاسلامي النابه المرحوم **حسام تمام** ، وهو بعنوان "**الإخوان المسلمون: سنوات ما قبل الثورة**"..الذي يرصد تعرض الجماعة للجمود ومقاومة الإصلاح إذ يقول في صفحة 27 "**وجاءت الصياغة النهائية للبرنامج السياسي (2007) ...لتكشف أن القرار النهائي — عند المحك وفي المراحل المفصلية — هو بيد تيار**

التنظيم المحافظ، لقد كانت الضربة الأقوى والعلنية للتيار الإصلاحي داخل الجماعة بما يشبه عملية لنزع الشرعية عنه..".

ليس هذا فقط ، بل وضع حسام تمام يده على حقيقة جوهرية وكاشفة تؤكد تحول الإخوان الى أقصى اليمين الديني المتسم بالتحجر الفكري عندما أشار إلى تعرض الجماعة لغزو السلفي الوهابية منذ سبعينيات القرن العشرين ، وهو ما أسماه تسلف الجماعة ، وكذلك تصعيد قيادات الأرياف والأقاليم في مكتب الإرشاد، وهو ما أطلق عليه "ترييف" الجماعة..ويقول في صفحة 93: **"ما يبدو لافتاً في النهاية هو أن هناك تزامناً واضحاً بين الركون إلى المحافظة والإنغلاق وتغليب المكون الريفي في عضوية المؤسسات الإخوانية، وبين تغليب المكون السلفي الموسوم بالمحافظة من حيث الاتجاه الايديولوجي العام داخل الحركة.."**.. ويضيف **"تبدو تداعيات هذا الترييف في ضعف احترام فكرة اللوائح والقوانين المنظمة والمؤسسة للعلاقة داخل الجماعة، كما برز على نحو واضح في الانتخابات الأخيرة لمكتب الارشاد(2008 و2009)"**.

هذه إذاً شهادة باحث إسلامي متعاطف على التحول الذي أصاب جماعة الاخوان طوال العقود الأربعة الماضية وحولها إلى كيان يقف في أقصى يمين المسرح السياسي ولا يحترم حتى اللوائح والقوانين المنظمة للعلاقات الداخلية للتنظيم.

وهذا التحول خلق تياراً براجماتياً موغلاً في المحافظة لم يتورع عن التنسيق مع قيادات النظام المخلوع والتلميح لإمكانية القبول بالتوريث..وكذلك التفاوض مع عمر سليمان لإخلاء الميدان وإجهاض الثورة في الوقت الذي كان شباب وكوادر اليسار يواصلون نضالهم الدامي ضد النظام حتى سقط بعد تضحيات فادحة.

وإن كانت القوى الثورية واليسارية قد ارتكبت خطأً قاتلاً عندما تركت الميدان وسلمت الثورة أمانة للمجلس العسكري الذي أساء إدارة المرحلة الإنتقالية وارتكب من الخطايا ما يرقى إلى الجرائم السياسية الكبرى (مثل السماح بتديين الاستفتاء وقيام أحزاب على أساس ديني وعدم مراقبة حجم الإنفاق على الدعاية الانتخابية ومصادر الأموال أُنفقت) ما أوصل تيار الإسلام السياسي إلى السلطة شبه منفرد..وعندما تم للإخوان ما أرادوا ليكتفوا فقط بـ **"لحس"** وعود بالمشاركة تعهدوا بها لقوى سياسية وثقت فيهم، بل بدأوا حملة منسقة وممنهجة لأخونة مفاصل الدولة ثم جاءت مرحلة الإغتيال المعنوي لأي منافس محتمل مثل حمدين صباحي واليسار بشكل عام.

غير أن اتهامات العريان لليسار أدانت جماعته من حيث لا يدري إذ نسي أنها غير مشروعة ولا يعرف أحد مصادر تمويلها وأوجه إنفاقها. وأن شرعية حكم الإخوان لن تتحقق إلا بتقنين وضع الجماعة..أما إتهام اليسار باحتقار الدين فهذا تكفير مرفوض وخلط متعمد للدين بالسياسة ولو قرأ العريان تاريخ اليسار المصري

جيد لأدرك أن نهضة مصر الثقافية الحديثة وقوتها الناعمة كانت من إبداع اليسار

وأن أي "**نهضة**" مستقبلية لن تنجح إلا به..

تريبف السياسة[9]

جمال زايدة

أخشى على السياسة فى مصر من التريبف.

لقد امتد التأثير الكاسح للتريبف "**مع كل الاحترام للقيم الريفية التقليدية إلا انها تقع فى الطريق المعاكس للحداثة**" إلى جميع مناحي مصر. امتدت العشوائيات إلى المدن فحولت البيئة الحضرية الراقية التى شهدتها مصر خلال نهوض الدولة الحديثة منذ أكثر من 200 عام إلى بيئة فقيرة تضم القطاعات الأكثر فقراً في المجتمع المصري بل ودمرت أساليب البناء التقليدي الرائعة التي شهدها الريف المصرى.

---

[9] جريدة الأهرام المصرية – 4 يوليو 2012.

ترييف السياسة قادم مع نخب تتصادم مع القيم الحضارية التي أنتجها العالم الحديث وتسعى إلى التمسك بقيم جاءت إلى مصر ما بعد الهجرة إلى النفط. أتحدث عن النخبة الجديدة وأنا أتابع ذلك الانجاز العملاق الذي أنجزته نخبة ما بعد الاستقلال في سنغافورة.

جئت إلى سنغافورة لحضور القمة العالمية للمدن ولأتابع كيف صنع "**لي كوان يو**" الأب المؤسس لدولة سنغافورة الحديثة من جزيرة فقيرة إلى واحدة من أهم الدول اقتصادياً وسياسياً في جنوب شرق آسيا، ونجح فى الغاء كلمة الفقر من هذا المجتمع المتعدد الأعراق حتى انتقل متوسط دخل الفرد من ألف دولار عند الاستقلال إلى 50 ألف دولار سنوياً، ولينجز واحدة من أرقى المجتمعات المعاصرة.

وكما قال الداهية الأمريكى كيسنجر "**التاريخ لا يهم... إذ لا تملك الدول التى ظهرت فى مرحلة ما بعد الاستقلال تاريخاً مقارناً، فالمهام التى أنجزت عبر قرون فى الغرب توجب أداؤها خلال عقد أو اثنين فى ظروف بالغة التعقيد**".

استطاعت نخبة سنغافورة تحويل أشد المعايير صرامة إلى نظام للحكم، كما قال الرئيس الفرنسي السابق شيراك عن الزعيم السنغافوري لي كوان يو.

النخبة القادمة إلى الحكم فى مصر من جماعة الإخوان والسلفيين فى حاجة إلى أن تمد بصرها أبعد من الحجاب والنقاب والمايوه البكينى إلى مصر العظيمة ذات التاريخ الطويل الممتد ولنتعلم من شعوب العالم الأخرى.

القضية لا تكمن في الشكل وإنما تكمن فى كيفية نقل مصر إلى المجتمعات الحديثة بدون ذلك الصدام الدامى الذى يشعر فية الكثيرون بالخوف والقلق وعدم الاستقرار في مجتمع يسعى إلى التحول.

نصيحتى للدكتور عصام العريان: خفف من غلوائك وتعاونوا مع كل المصريين فهذا ليس وقت الانتصار لجماعة سياسية وانما هو وقت الانتصار للوطن.

"السيد والعبد" في المؤسسات الحديثة([10])

سامح فوزي

1 – "تربيف" المؤسسات وهيمنة ثقافة "ما قبل" الحداثة

تقترن فكرة "**المأسسة**" (إنشاء المؤسسات) بالحياة في المدينة، في مقابل سيادة العلاقات القرابية والطبقية في الريف. ويبدو أننا نتعامل في أحيان كثيرة مع المفاهيم بشكل مصمت، نقف عند الأسماء ولا نتفحص معانيها، ولا نبذل جهدا في تفهم مقاصدها أو أغراضها؛ ويترتب على ذلك استخدام المفاهيم في غير الغرض الذي وُضعت لأجله. ومن الأمثلة البارزة على ذلك مفهوم "**المؤسسة**". هذا

([10]) موقع إسلام أون لاين 30 يونيو – 2006.

المفهوم – الذي يقترن بمفاهيم مثل: المنظمة، والمنشأة، والهيئة، والمصلحة... إلخ –
يحمل في تقديرنا في جوهره منطقاً محدداً، وفلسفة وملامح خاصة يجب ألا نجردها
منه، وأهمها:

أ – **الموضوعية**: فالقرارات التي تتخذ داخل المؤسسة تخضع لاعتبارات
ملموسة يمكن تحديدها، والتعرف عليها، والاتفاق العام بشأنها. فمثلا يمكن أن
يحدد العاملون في نفس المؤسسة – فردياً أو جماعياً – العناصر الموضوعية التي تحكم
تعيين شخص ما في موقع وظيفي بعينه. فالقضية لا تخضع لاعتبارات ذاتية أو
عاطفية أو تقدير شخصي أو مشاعر بقدر ما تستند إلى عوامل يمكن تحديدها
بجلاء تتصل بالمؤهل والخبرة والكفاءة ومعايير يمكن قياسها للأداء... إلخ.

ب – **التعددية**: فالقرارات التي تصنع داخل المؤسسة ذات طبيعة جماعية،
بمعنى أنه إذا كان هناك شخص منوط به اتخاذ القرار، فإن هناك جهات عديدة
تساهم في صناعته، وهذا يتم بتوازن دقيق. فلا ينفرد شخص –مهما علا قدره–
بقرار، ولا يوجد قرار لا يُحاسب متخذه، ولا يوجد قرار لا يتوجب على من اتخذه
أن يقدم سنداً لمشروعيته.

جـ – **تحييد المشاعر**: فأساس العلاقة بين الرئيس والمرءوس هو التدرج
الإداري، والاختصاصات الموكولة لكل منهما، واللوائح التي تحكم العمل، والتي

توضح بدقة حدود وواجبات كل طرف منهما. إذن تخضع العلاقة بينهما في الجانب الأعظم منها إلى الضوابط الإدارية واللائحية أكثر مما تخضع للمواقف الشخصية، والنظرة المتبادلة. وإذا كان من الصعب تحييد المشاعر بشكل مطلق — فهذا من المتعذر في دنيا البشر — فعلى الأقل يمكن وضعها في حدودها الدنيا التي لا تؤثر على كفاءة ومسارات العمل، بحيث لا يتحول الخاص إلى عام، أو العام إلى خاص.

د — **حرية تداول المعلومات**: فالمؤسسة -أيا كانت- تقوم على مبدأ أساسي هو الشفافية وتداول وإتاحة المعلومات يساعد على تطوير جودة العمل، ونمو روح المبادرة، والعمل الجماعي، في حين أن مناخ التكتم والتعتيم غالبا ما يقود إلى الفساد، وغياب المساءلة الجادة.

هـ — **الموظف رصيد إنساني ومهني** human asset ويجب أن تسعى المؤسسة إلى تنميته من هذا المنطلق. وتوفر له أسباب النمو، وتشجعه على الرقي العلمي، والترقي الإنساني، وتكوين مهارات وخبرات متراكمة تسهم -في التحليل الأخير- في رفع جودة العمل. من هنا فإن تمكين العاملين empowerment ضرورة أساسية، سواء كنا بذلك نعني ما يجب أن يحصلوا عليه من معارف، أو من حيث طبيعة المناصب والمهام القيادية الموكولة إليهم.

تلك هي السمات الغالبة لأي مؤسسة، مهما اختلفت تسميتها. وكان الإجماع عليها في الواقع والممارسة في الدولة الحديثة ودراستها في العلوم الاجتماعية تعبيراً عما يمكن أن نطلق عليه "**الديمقراطية الإدارية**"، حيث تتراجع مركزية دور الشخص – الملهم والقابض على زمام الأمور والمنفرد وحده بالقرار – لتحل محله المؤسسة التي تخضع لقواعد إدارية – يفترض فيها العقلانية – معروفة سلفاً، ويعلم بها الجميع، ويخضعون لسلطانها في إطار من الشرعية القانونية.

المؤسسة إذن نشأت في الأساس حتى تكون كياناً معنوياً ومظلة وليس بناء يدار لصالح شخص، فالمؤسسة لا تعرف الشخصنة على أي مستوي من مستويات صنع القرار.

المؤسسة ومفهوم الحداثة

ولدت المؤسسة في مجتمع عرف قيمة الفرد ككيان إنساني له وجوده المستقل، وكفكرة فلسفية، وكان يقصد بالفرد ذلك الكيان الإنساني القادر على الفعل الحر، واتخاذ القرار الرشيد، والتحرك بشكل مستقل تجاه المتغيرات المحيطة به.

إذا تحقق كيان الفرد بالقوة وبالفعل، تأتي نشأة المؤسسة تعبيراً عن تحقق مكانة الفرد واستقلاليته. ولا يمكن أن يتحقق ويتجلى وجود "**الفرد**" في المجتمع –

كرامة ومسئولية ومحاسبة — على صعيد العلاقات الاجتماعية، والقانونية، والسياسية دون أن تترجم فرديته في العلاقات الوظيفية بشكل مجرد.

وإذا كنا نستقي أفكارنا من خبرة المجتمع المصري فيمكن القول بأن مفهوم الفردية لم يستقر بعد، ربما لأنه لم يستقر بالمعنى الحقيقي مفهوم **"المدينة"** كتعبير لتطور مساحي واجتماعي ولعلاقات حديثة جديدة تختلف عن علاقات القبيلة أو الجماعة العضوية أو القرية. فما هو قائم الآن هو شكل مدني خارجي في بعض الحواضر الكبرى، تسوده علاقات ذات صبغة ريفية.

والريف في الحقيقة لا يعرف الفرد مستقلاً بل دوماً منتسباً، والمدينة العربية تاريخياً وحالياً لا تعرفه هي الأخرى، خاصة بعد أن **تريفت**، وصارت تحمل سمات المجتمع الريفي القائم على العلاقات القرابية أو الشللية، والتصورات الجمعية، وتلاشي الفضاءات الخاصة للأفراد...إلخ.

يمكننا القول: إن الفرد لم يولد بعد في المجتمع العربي. والمؤسسة — بمعناها الحقيقي — لم تولد بعد هي الأخرى. وما نراه لا يعدو أن يكون صيغ علاقات وطريقة إدارة ريفية للأمور ترتدي مسوح المؤسسة المدنية الحداثية، تتلبس الشكل الخارجي للعمل المؤسسي في حين أن باطن الأمر وحقيقته إقطاعي ريفي.

فالفلاح ينحني في أداء عمله في الحقل، وهو مضطر لذلك بحكم طبيعة الفلاحة، لكن لماذا يتشبه الموظف المدني الحديث ذو المهنة البيروقراطية أو التكنوقراطية بالفلاح وينحني رغم أن ذلك ليس من طبيعة عمله، ولا من شروط الانخراط في إطار مهني مؤسسي.

لماذا نجد الموظف في بلادنا لا يعرف سوى ثقافة الانحناء بكل ما تعنيه من معان؟.

إذن فمن المهم الالتفات إلى أن صعود شكل المؤسسة الذي عرفه المجتمع العربي بمختلف تجلياته العامة (والخاصة) ما هو إلا شكل "**ما قبل**" حداثي يخدم على نطاق واسع إعادة إنتاج الثقافة الريفية العضوية التي تسحق فردية الفرد، والتي نشأت المؤسسة الحديثة في الحقيقة للقضاء عليها.

فقد تحولت المؤسسة – عدا استثناءات قليلة – إلى أداة في يد الأفراد المتنفذين والمتحكمين بقصد إضفاء الشرعية على علاقات هيمنة -وأحيانا مظاهر جموح شخصي- في الإدارة، وتحول العاملون من رصيد بشري تمتلكه المؤسسة إلى مجرد زبائن clients بالمعنى الذي باتت تهيمن عليه علاقات السيد بالتابع–patron client relationships.

وانتهى الأمر إلى نسق استبدادي قمعي في الباطن، رغم المشهد والخطاب الديمقراطي الاستعراضي spectacular في العلن، وهو ما أدى إلى "**تريیف**" و"**تزييف**"

و"**تكييف**" المفاهيم والأشكال الإدارية الحديثة لخدمة واقع مستبد لا يعترف إلا بعلاقة السيد والعبد.

في أدبيات الإدارة الحديثة هناك جدل دائم متكرر محوره سؤال أساسي: هل تغير المؤسسة الأفراد؟ أم يغير الأفراد بنية المؤسسة؟ بمعنى آخر هل يتشرب الأفراد الثقافة المؤسسية السائدة أم يسعون إلى نقل ثقافتهم الذاتية إلى العمل المؤسسي؟.

لا شك أنه من الصعب الإجابة بالحسم عن أي من السؤالين، فهناك جدلية وتداخل بين الأمرين. والأفراد يتأثرون بالسياق المؤسسي الذي يتواجدون فيه، ويؤثرون فيه في الوقت نفسه. ولكن أيهما يغلب؟.

الرأي عندي أنه في الحالة المصرية تحديدا المؤسسة تأثيرها يفوق تأثير الأفراد من خلال ما تنتجه من صيغ إدارية استبدادية.

وقبل أن نتحدث عن ميكانزمات علاقة السيد بالتابع، وكيف يجري إنتاج الاستبداد على جانب، والخضوع على الجانب الآخر، ثم تسري فلسفة هذه العلاقة في كيان الأبنية المؤسسية المختلفة، وتنتقل من البيروقراطية والإدارة إلى السياسة، علينا أن نتوقف أولا أمام سيكولوجية العبد الذي تصنعه المؤسسة الحديثة شكلا، والمستبدة موضوعاً.

2 – صناعة العبد

يأتي الشخص إلى المؤسسة محملا بخبرات التنشئة الأسرية والدينية، والمعارف التي تم تلقينه إياها على الصعيد الدراسي، وما يحيط بهذا من واقع اقتصادي قمعي على المستوى المعيشي.

باختصار الاقتصاد – حسب التعبير الماركسي – يكون قد أخضع الفرد وأوجد بداخله القابلية الأساسية للاستعباد.. كل شيء في أعماقه يدفعه دفعا على طريق العبودية. الانغلاق الأسري، والبيروقراطية المدرسية، والتعليم الديني التلقيني، والعوز المادي، ويضاف لذلك بشكل متصاعد في مجتمعنا متطلبات المجتمع الاستهلاكي، والمقارنات المعيشية، والطموح الشخصي الجامح، والرغبة في الصعود السريع على السلم الاجتماعي، ومشاهد البؤس، وقصص الحالمين المحبطين، وعسكر الأمن المركزي، وإشارة المرور المنتهكة، والسلطة التي لا تحترم القانون... إلخ.

كل شيء يزين أمامه شيم العبودية بوصفها الطريق الوحيد للبقاء والعيش في هذا المجتمع. الخروج عن النص غير ممكن على أسوأ تقدير، أو شديد التكلفة على أفضل تقدير.

في الحالتين النتيجة واحدة وهي: غياب حرية الاختيار. وعندما تطأ قدما المرشح للعبودية المؤسسة يصبح مهيئا لقبول العبودية الاختيارية.

ويمر الفرد بعدة مراحل أساسية ليصبح كامل العبودية:

أ – **إلغاء التكوين الإنساني:** فلا يبقى الشخص **"فرداً"** بالمعنى السيسيولوجي، بل يصير مجرد كائن هلامي يجب أن يتخلص من تصوراته وخبراته مهما كانت بسيطة، ويتنكر لأية ميول إبداعية، كل ذلك حتى يصبح مؤهلا لعملية التشكيل، وإعادة البناء والتكوين، ويصبح السؤال الأساسي الذي يتردد على لسانه في كل موقف هو **"كيف"** وليس **"لماذا"**، لم يعد مقبولاً أن يسأل عن السبب، ولكن له أن يعرف فقط كيفية تنفيذ الأوامر والتوجيهات والرغبات... الخ. إذا أبدى رأيه يعد ذلك **"تدخلاً فيما لا يعنيه"**، وإذا تجرأ وسأل عن السبب يتحول إلى **"متطفل"** أو **"ابن عاق"** يتمرد على والده (المدير).

ب – **إعادة التشكيل:** بعد أن يهيأ **"العبد الجديد"** للتقبل الاختياري لرحلة العبودية المؤسسية. تأتي مرحلة التشكيل التي بموجبها يحمل – رضاء أو كرهاً – أفكار وآراء المدير (القائد الملهم).. يستمع كثيرا، ويتمثل ما يسمعه جيدا، ويعيد تكراره – ولا ينسى بالطبع أن ينسبه لصاحبه الأصلي – باختصار ليس له أن يفكر طالما أن القدر حباه بمن يفكر له ولغيره، وليس له أن يناقش طالما أن العناية الإلهية رزقته بمن يعلم بواطن الأمور وظواهرها، وليس له أن يعترض؛ لأن الاعتراض ليس من شيم الكرام بل من شيم المعاندين، ومن شروط طالب العلم والخبرة أن يصمت وينصت.

جـ – **التماهي الرضائي**: بعد أن يتحول "**العبد الجديد**" إلى حامل وناقل جيد لأفكار وآراء سيده الجديد (رئيسه في العمل) يتجه (بوعي أو بدون وعي) إلى التماهي مع شخص رئيسه بمحض إرادته إما تزيداً أو تزلفاً.. يرتدي، ويدخن، ويضحك، ويتحدث، وينكت ويمشي، ويرد على الهاتف مثل سيده، وقد يتجه إلى تسمية أولاده باسم رئيسه. ولو كان بمقدوره لغير اسمه حتى يأتي متطابقاً مع اسم سيده و"**تاج رأسه**". هذه الحالة يتناولها د.مصطفي حجازي في مؤلفه المهم "**مدخل إلى سيكولوجية الإنسان المقهور**"؛ حيث يرى أن الشخص المقهور يسعى دائما إلى التشبه بمن يقهره.

د – **الشرعية الأبوية**: يدخل العبد الجديد مرحلة أخرى يجيب فيها على تساؤلات الذات والآخرين. يبرر لنفسه تخليه عن شخصيته، ومحاكاته لشخص وآراء وأحيانا سخافات سيده باللجوء إلى الشرعية الأبوية. يتحول هذا المستبد المتحكم في زمام الأمور إلى أب، أو شخص لديه خبرة واسعة وعلم نافع واجب احترامه وتوقيره، والاعتراف بفضله، والسير على خطاه ونهجه، والارتواء من نبعه الفياض. هنا تتحول العبودية إلى مرادف للعلم والاحترام، والتلمذة، والعرفان بالجميل. تتريف المؤسسة وتتزيف المفاهيم، ويصبح الشخص المعتز بإنسانيته، وآرائه، وشخصه "**ابناً عاقاً**"، "**ناكراً للجميل**"...الخ.

هـ – **التحلل من المؤسسة**: بعد أن يصبح العبد الجديد ناقلا لأفكار سيده، ومتماهيا مع شخصه، مضفياً الشرعية الأبوية على علاقة العبودية الجديدة، تتحول المؤسسة – بما فيها من تفاعلات وقواعد وعلاقات – إلى كيان باهت بالنسبة له. فقد أصبح مرتبطا بشخص رئيسه فقط، منفصلا عن المؤسسة، لا يعرف سوى سيده، يتحدث بحمده، ويبشر بفكره، ولا يجد في عالمه الصغير مركزا يدور حوله سواه.

3 – مجتمع العبيد

وللعبيد مجتمعهم الخاص في أسفل الهرم الإداري في المؤسسة. يسوده عدد من الخصائص الأساسية:

أ – التناحر والتصارع على إرضاء السيد (المدير).

ب – الخوف المتبادل في العلاقات الوظيفية فيما بين العبيد أنفسهم.

جـ – اللجوء المستمر إلى الوشايات لنيل رضاء السيد (المدير).

د – مواجهة بعضهم بعضاً من خلال الشائعات والنميمة.

باختصار فإن مجتمع العبيد يقوم على مفهوم مشوه للإنسان في العلاقات الوظيفية. ورغم أن الهم واحد في هذا المجتمع السفلي، وهو هم العبودية، فإنه يفرق أكثر ما يجمع. وهنا المفارقة! لا يوجد للعبيد كلمة واحدة، ويحرص السيد على

تفرقهم أكثر من وحدتهم حتى يسهل قيادتهم، وتكشف وشاياتهم عن بعضهم البعض أمامه عن مكنون صدورهم، ونوازعهم الشريرة.

وفي مجتمع العبيد غير مسموح بالاختلاف، غير مقبول أن يكف عبد عن خدمة سيده، غير مقبول أن يرفض عبد أن يكون فاسدا، غير مقبول أن يكون العبد مجتهداً مبدعاً.. صيغة العبودية ذات طبيعة عامة، العبيد يعتبرون إبداع أحدهم تمردا عليهم، وكذلك السيد.

4 – صناعة السيد

يحتاج السيد مثل العبد إلى صناعة من نوع خاص، كما يصنع العبد مؤسسيا يجب أن يصنع السيد مؤسسياً أيضاً، وإذا نظرنا إلى هؤلاء السادة فسوف نجدهم يتسمون بخصائص معينة:

أ – **هم عبيد في ثوب أسياد**: يعني هذا أن السيد ما هو إلا عبد لغيره. هكذا تستمر حلقات مسلسل العبودية، أو كما يسميها المصريون علاقة "**البتوع**" ففلان "**بتاعنا**" أو "**تبعنا**"، مشمول في تلك العلاقة الهرمية بالحماية، وتتشابك عناصر المنظومة، فلا يوجد أسياد دون أن يكونوا عبيداً لآخرين. بعبارة أخرى ليس هناك عبد نقي وليس هناك سيد نقي.

ب – **الشعور بعدم الأمان**: السيد في حالة اضطراب دائم، يفتقر إلى الشعور بالأمان، يخشى الآخرين حتى لو كانوا أقل منه في السلم الوظيفي، ويعرف أن صعود منافس له قد يهدد وجوده ذاته؛ لذا يتجه إلى سياسة حرق البدائل، وحصار الآخرين، وتأليب عبيده ضدهم، ونشر الوشايات، وإطلاق الشائعات، والضلوع في المؤامرات...الخ.

جـ – **"الولاء والبراء"**: ينتظر السيد من عبيده الولاء المطلق لشخصه أولا ثم إلى أفكاره ومعتقداته ثانياً. ولا يعنيه عملياً – رغم ادعائه عكس ذلك – ولاء عبيده للمؤسسة التي يعملون بها، فهو والمؤسسة شيء واحد. ومن ناحية أخرى يجب على هؤلاء العبيد أن يتبرءوا من كل ما يعادي السيد علنا؛ فالولاء والبراء وجهان لعملة واحدة.

د – **التصنيف**: يميل السيد إلى تصنيف عبيده، يحدد درجة ولائهم له، ومستوى تضحياتهم من أجله، ويستمع إليهم بغرض تصنيفهم ليس أكثر، فهو لا يريد أن يشركهم في قرار أو رأي، كل ما يريد أن يصل إليه هو تصنيفهم من خلال ما تفصح عنه ألسنتهم.

هـ – **كل العبيد سواء أمام السيد**: غير مسموح بأن يتميز عبد، أو أن تصير له شبكة علاقات، أو نشاط مستقل، أو ذاتية خارج الحدود التي يرسمها السيد

له. وأمام السيد تتساوى رؤوس العبيد، ولا يتميز عبد على آخر إلا بمقدار ما يبذله في خدمة سيده، وليس بمقدار ما يمتلك من معارف ومهارات تفيد العمل، فالمعيار الرئيسي هو الولاء وليس الكفاءة مهما ادعى السادة المتنفذون عكس ذلك.

و – **إزالة الحواجز**: لا يعرف السيد حواجز في علاقته بعبيده، وحياة العبد ملك له ..ليس فقط حياته الوظيفية، فهذه ملك للسيد بحكم التعريف، ولكن أيضا حياته الخاصة، علاقاته العائلية، وصداقاته، النسيج الاجتماعي الذي ينغمس فيه. والسيد قد لا يجد وقتا كافيا لإدارة العمل، لكنه على استعداد أن يخصص مساحة عريضة من وقته للاستماع إلى مشكلات عبيده الخاصة، وإصدار التوجيهات لهم في الحياة، ولعب دور **"الناصح "و"الحكيم" و"المرشد" و"ناظر المدرسة"** عند الضرورة، ولمَ لا؟ فهو الرجل الذي يمتلك الحكمة والمعرفة والرأي السديد. وإذا تجرأ عبد على الإتيان بتصرفات من شأنها الظهور بمظهر من يحافظ على شخصه وكيانه وخصوصياته يتحول إلى عبد **"ثقيل الظل"، "متكبر" "يظن في نفسه أنه يفهم"**...الخ.

ز – **الإنجازات تنسب للسيد، والأخطاء يتحملها العبيد نيابة عنه:** السيد لا يخطئ ويجب ألا يظهر بمظهر المخطئ، فالخطأ يحدث عندما يسيء العبد فهم توجيهات السيد، أو يطلق العنان لعقله **"القاصر"** أن يفكر، ويتصرف بناء على ما حدثته به نفسه. وبالتالي فالعبد لا يصنع إنجازا؛ لأنه لا يملك فكرا أو

رؤية.. الفكر فكر سيده، والرؤية رؤية سيده، وناقل الفكر والرؤية أسوة بناقل الكفر لا ذنب عليه، ولا ثواب ينتظره.

5 – أشكال العبودية المؤسسية

هناك عدد من إستراتيجيات العبودية التي يجري اتباعها في المؤسسات حتى يعبر من خلالها العبيد عن ولائهم المطلق للسيد المهاب.

أ – **ماسح الأحذية**: العبد ينفذ ما يطلب منه دون نقاش أو حوار أو رغبة في فهم زائد لا يوجد ما يبرره، تماما مثل ماسح الأحذية الذي لا يعرف سوى مهارة طلاء و"**تلميع**" الحذاء الذي بين يديه، ينحني حتى يظفر به، ويجلس القرفصاء لتلميعه، فإذا انتهى من ذلك جلس عند قدم "**سيده**"، منتظراً "**عطية**" أكثر مما ينتظر مقابلاً مادياً متعارفاً عليه لجهده، ومهما وضعت في يده فسينحني شاكراً ثم يمضي متجولاً في المقهى يبحث عن أحذية أخرى.

ب – **حامل الحقيبة**: هي أحط أنماط العبودية، بموجبها يحمل الشخص فقط حقيبة سيده واقعاً ومجازاً، ويتحمل سخافاته بابتسامة عريضة (ليس فقط في المؤسسات البيروقراطية بل نجد هذه الظاهرة في المؤسسات الجامعية في أحيان كثيرة). والعبد حين يحمل حقيبة سيده، مهما خف أو ثقل وزنها، فهو مؤتمن عليها بما تحمله من أسرار. وحمل الحقيبة له عدد من السمات المجازية أبرزها: القيام

بالتشهيلات في العلاقات الإنسانية (تتراوح بين حمل أوعية الطعام، وشراء الحاجات الشخصية من الأسواق، وقيادة السيارة للأسرة، وتوصيل الأبناء، وانتهاء بأعمال القوادة). وفي هذه الحالة يتنازل العبد عن رسالته ودوره الوظيفي وربما إنسانيته في سبيل خدمة سيده، ويكون معيار الترقي الوظيفي هو قدرته على الخدمة فحسب.

جـ – **العصفورة:** بموجبه يتحول الشخص إلى مجرد أذن تتنصت، وعين تتلصص، بحثا عن معلومة أو خبر – مهما كان تافهاً – ينقله للسيد خلف الباب المغلق. كل مؤهلاته في الحياة هي نقل الأخبار والوشايات. ولا يجري النظر في عمله إلا من هذه الزاوية فقط. وتبعاً لذلك يسود العمل مساحة عريضة من الأكاذيب والافتراءات بسبب هؤلاء المتلصصين الذين اختزلوا كيانهم الإنساني في أذن تسمع، وعين ترى، وذهن ينسج القصص، ويعيد إنتاج الأوهام والأحقاد الشخصية، والمواقف السابقة، في نسيج روايات يلقي بها بين يدي السيد -لتلقي في روعه أنه قابض على كل شيء- وعادة ما يتصرف السيد على أساسها، أو على أفضل تقدير بوحي منها في كثير من الأحيان.

د – **حامل المبخرة:** وهي درجة مختلفة عن سلم العبودية، يسخر فيها الشخص/ العبد كل ما

يملك من مهارات وإمكانات للترويج لسيده، والتبشير به، والإشادة بمواقفه، والحديث بلسانه في كل محفل، تطلب الأمر ذلك أو لم يتطلب. المهم أن الشخص يسخر نفسه لخدمة ولي الأمر السيد المهاب، صاحب الرأي السديد. وعادة يمتلك هؤلاء ما يمكن أن نطلق عليه مجازاً "**جينات العبودية**" بمعنى أنهم يحملون المباخر للتسبيح بحمد أي شخص طالما أنه ظفر بالكرسي، لا يهم من. وعادة ما يعرضون خدماتهم على الشخص مباشرة عقب توليه موقعه، فإذا استقبلهم إيجابياً حملوا المباخر، وهو ما يحدث غالبا حتى لا يتحولوا إلى قوة معارضة ضده يشهرون به، أو يخلقون مناخا سلبيا حوله.

6 – آليات إدارة العبيد

السيد المهاب، صاحب الحكمة والفهم السديد، يملك من الأساليب ما يجعل العبيد دائماً في وضع العبودية، وتتراوح هذه عادة بين العقاب والفساد، وبينهما الكثير من الآليات التي تتسق مع إدارة مجتمع العبيد، منها:

أ – **السوط**: يجب أن يلهب السوط دائما ظهر العبد، أو على أحسن تقدير يجب ألا يبرح صوت السوط أذنه. هو يضرب حتى يتعلم، وقد يضرب حتى يتعلم غيره عملا بالقاعدة الشهيرة "**اضرب المربوط يخاف السايب**". ويشمل

العقاب أنماطاً من القهر تتراوح بين الإهانة الشخصية، والنبذ الاجتماعي، والحرمان من المزايا الوظيفية أو مجرد التهديد بذلك...الخ.

ب – **الإلهاء المستمر**: شعار السيد في تعامله مع العبيد "**الجندي الفارغ مشاغب**"، يعني هذا أن العبد يجب ألا يلتقط أنفاسه، حتى لا يتحدث مع غيره من العبيد، أو يتشاجر معهم، وخشية أن تدفعه بقايا إنسانيته – في حالة الفراغ – للتفكير في حالة العبودية التي يرزح تحت وطأتها.

جـ – **الإفساد**: يحتاج السيد ليس فقط إلى خوف العبيد ولكن أيضا لولائهم. فإذا كان الخوف يتحقق بالسوط والإهانة، فإن الولاء يأتي بإفساد هؤلاء العبيد؛ إما بتصعيد من لا يستحق منهم إلى مواقع قيادية، أو الإغداق عليهم بالأموال، أو منحهم مزايا وظيفية ومالية لا يستحقونها.. معيار المنح هو الولاء وليس غيره.

د – **إحياء السلالة**: في الماضي كان العبد يعرف من سلالته، أما في العصر الحديث فإنه يجري إحياء مستمر للسلالات على أسس جديدة حتى يسهل تصنيف العبيد، وتحديد مكانتهم وأدوارهم في مجتمع ينطوي على بعض التكوينات الحديثة على الصعيد الشكلي فقط. في هذا الصدد تبرز الانتماءات والهويات على أسس مناطقية (المنحدرون من محافظة ما)، أو دينية (أصحاب دين معين أو مذهب

معين)، أو ثقافية (المنتمون إلى مدرسة فكرية بعينها، مثل أنصار داعية أو مذهب سياسي معين)...الخ.

7 – زيارات متبادلة: السيد والعبد

العبد يزور سيده لأسباب، أما السيد فيزور مجتمع العبيد السفلي لأسباب أخرى، وإن كانت هذه وتلك تصب – في التحليل الأخير – في إذكاء العبودية، وتجديد أواصرها. فالعبد يزور سيده لأسباب عديدة، وهناك طقوس تسبق الزيارة، فهو يراعي الهندام، ويطرق الباب بهدوء، ويخفض صوته، وهو دائما يعرف أن الصوت العالي للسيد وحده، وله لغة جسد واضحة لا تخطئها العين، يتحرك في انحناء تاركا مسافة واضحة بينه وبين مكتب سيده. وليس بالضرورة أن يبادل السيد عبده التحية، وإذا فعل السيد ذلك فهو كرم منه، ولكن يكفي أن يستمع إلى التحية، ويهز رأسه في صرامة وعبوس، وقد ينظر إلى عبده نظرة حنو ورضا أحياناً، وهذا شرف لا يدانيه شرف. والعبد لا ينتظر سوى نظرة من سيده.

وعادة تكون أسباب زيارة العبد للسيد متعددة: أبرزها نقل الأخبار عما يجري في العمل وتصرفات الآخرين بأسلوب لا يخلو من استعراض مسرحي، يؤكد العبد من خلاله تفانيه في العمل، والولاء المطلق للسيد، وقد يستدعي الأمر التجريح

في الآخرين، أو "**دق إسفين**" بين العبيد والسيد. ولِمَ لا؟ فمن واجب هذا العبد "**المخلص**" أن يكشف لسيده رداءة زملائه العبيد.

ولا ينسى بالطبع هذا العبد المخلص المتفاني في خدمة سيده أن يعيد على مسامع السيد المرهوب الجناب ما يؤكد ذاته، ويشعره بالفخر، فهو السيد الذي بدأ الإنجاز من الصفر، تجاوز أخطاء سابقيه، وحقق النجاح الأكيد بفضل عقله وما يمتلكه من حكمة ورجاحة وحسن تصرف. وقد يقتضي الأمر التجريح في خصوم السيد إذا شعر العبد أن سيده يرغب في ذلك.

السيد يزور مجتمع العبيد لأسباب متنوعة: يحب السيد من آن لآخر أن يتفقد مجتمع العبيد السفلي، يتصنع خلاله الألفة مع عبيده، ويرى ما إذا كانت الأخبار والوشايات والأسافين التي تصل إلى مكتبه صحيحة أم لا. فهو يعرف أنه لا أمان لعبد مهما ذرف من الدمع، وانحنى أمامه، وخضع لسلطانه. وعادة ما يستقبل العبيد السيد بفرحة مصطنعة، وابتسامة خالية من المضمون، يقفون من على مقاعدهم لمجرد رؤية السيد في احترام مزيف، ينحنون لدى مصافحته إذا قبل هو ذلك من حيث المبدأ.

وفي مثل هذه الأحوال إما أن يكون غرض الزيارة توبيخ العبيد على خطأ ارتكبوه جميعاً، أو ارتكبه أحدهم، ويكون ذلك على الملأ حتى يتعظ العبيد جميعا،

أو أن يكون السبب من وراء زيارة السيد لعبيده هو التعرف على أحوالهم، ولا مانع من أن يطلق عدداً من الملاحظات السخيفة، أو النكات الخالية من المعنى، وهنا يجب على العبيد أن يضحكوا، ويسترسلوا في الضحك حتى يعيد السيد زمام الحديث للجد بدلاً من الهزل.

ويعتبر العبيد ما يصدر عن السيد مهما كان تافهاً أو سخيفاً هو عين "**الحكمة النفيسة**" التي يجب الاقتداء بها، والسير على هديها، وترديدها في المحافل إذا تطلبت الضرورة ذلك.

8 – الخروج من مجتمع العبيد

لا يعرف مجتمع العبيد أي إبداع، أو ابتكار، فليس مطلوبا من العبد أن يبدع أو يبتكر، وإذا اجتهد في هذا المضمار واجه رفضا وعنتا وربما اضطهادا، والسبب وراء ذلك يتصل في الأساس بعلاقة السيد بالتابع، فالرتابة هي الوسيلة الناجعة للحفاظ على علاقة العبودية المعاصرة، وأي إبداع يهدد بالضرورة هذه العلاقة؛ ولذا يجب قمعه وتجريمه والتشهير به هو ومن اقترفه حتى يكون عبرة لمن لا يعتبر. بعبارة أخرى: الإبداع يمثل اعتداء مباشرا على سلطة السيد يستحق العقاب الفوري والحاسم.

ونظراً لما سبق فلم تعد هناك مؤسسة بالمعنى الحقيقي؛ القرار قرار السيد، والمعلومات تتداول في أضيق حدود، والموظف تحول إلى عبد، تعرضت إنسانيته للتجريف، ولم يعد هناك مجال للترقي على أساس من الكفاءة.. تحولت المؤسسة إلى سجن كبير، وكل ما أسلفناه يحيط بهذا العبد البائس الذي أخضعته العبودية.

ولكن قد تأتي ساعة يفر فيها العبد من مجتمع العبيد، ويكسر حلقة العبودية لأسباب عديدة قد يكون منها عدم احتمال شروط العبودية، أو الملل والرتابة، أو وشايات مجتمع العبيد (فيخرج مطروداً)، أو شطط السيد المستمر، أو وجود مجتمع آخر أفضل نجح في الهرب إليه.

ونظرياً غير مسموح للعبد أن يترك مجتمع العبيد، فهذا قرار سيده، وقد يبقي عليه أو يلفظه خارجاً، لكن ليس للعبد أن يأخذ قراراً كهذا، فإذا أخذه نال سخط الاثنين، السيد وزملائه العبيد، وتطارده لعنات الجميع: فهو أرعن، مغرور، أحمق، متمرد، لا يعرف مصلحته فال "**مصلحة دائما تكون مع السيد**"، وقد تصل كراهيته إلى حد وصفه بأنه "**خائن**" و"**نذل**"...الخ.

لكن العبيد في قرارة أنفسهم يحسدون زميلهم الذي تحرر على جسارته، ويحسدونه على حريته، وهم ينظرون إليه من وراء قضبان مجتمع العبودية وهو يطير نحو أفق جديد.

كايرو.. المكان والبشر!([11])

هناء عبيد

شهد شهر رمضان في زحام مسلسلاته لافتاً يعرض للتطور أو بالأحري
التفسخ الاجتماعي في مصر هو مسلسل **"أهل كايرو"**. وتدور أحداثه حول جريمة
قتل ممثلة شابة.

مست قصة صعودها ونهايتها المأسوية عالم السياسة والأعمال وقضايا الفقر
والتفاوت الاجتماعي وحرية الصحافة وغيرها من القضايا المهمة التي يتفاعل حولها
الجدل العام.

([11]) جريدة الأهرام القاهرية – 21 سبتمبر – 2010.

ويعرض المسلسل صورة قاتمة لسكان المدينة يكون فيها طرفاً في الجرم أو الذنب، متغاضياً عنه، أو متواطئاً فيه، أو صاحب مصلحة في حدوثه، فمن نموذج رجل الأعمال الانتهازي إلى نموذج السياسي الفاسد، إلى أسرة القتيلة التي تغاضت أو تواطأت مع صعودها المشبوه، إلى رئيس التحرير المرتبك اخلاقياً لاعتبارات السوق أو المنافسة المهنية أو القيود السياسية، الكل مدان في أحداث كايرو وتعتبر الصورة التي تقدمها الأحداث هي مرأة عاكسة لحالة الحوار العام في مصر حول ما يسمى عادة بالأزمة أو المحنة التي تشير إلى ظواهر مثل تردي الأوضاع، والتدهور الأخلاقي والحرمان الاجتماعي، والفساد وغيرها من القضايا التي أصبحت تلون حديث المصريين عن حالهم.

وعلى النقيض تماماً من تلك الصورة القاتمة للمدينة المليونية ظهر منذ فترة قصيرة فيلم لمؤلفة كندية باسم **"زمن القاهرة"** أو **"كايرو تايم"** تدور أحداثه في القاهرة حول زوجة موظف بالأمم المتحدة لغوث اللاجئين, جاءت في اجازة فهامت بغرام المدينة ووقعت في أسرها، والمدينة التي يقدمها الفيلم هي كايرو مختلفة تماماً، فهي النيل الساحر وحفلات العرس المصرية المبهجة والمقاهي الساهرة، والبشر الذين يعرفون كيفية الاستمتاع بحياتهم، وتتكامل الصورة الرومانسية للمدينة بخلفية عذبة للفيلم تتقاسمها أنغام بالغة الروحانية لأذان متكرر مع أجمل أغاني الحب لأم كلثوم ومع مشاهد النيل الخلابة والأهرامات وقت الغروب، والطرز المعمارية في ميادين

وسط القاهرة، وتجنب واضح لما قد يشوه تلك الصورة المثالية للمدينة، يرسم الفيلم صورة مثالية للمكان لا يناقضها سوي تعليقات المؤلفة وهي ذاتها مخرجة العمل علي شبكة الإنترنت.

إن أجواء التصوير الحقيقية كانت أقرب إلي فيلم الأكشن منها إلي الفيلم الرومانسي!

والمفارقة الحقيقية ليست بين عملين فنيين أحدهما يرفع المدينة إلي قمة السحاب والآخر ينحط بها الي أسفل الحضيض, فتفاوت الرؤية مفهوم وتبرره عدة أسباب فقد يكون مرجعه فارق من ينظر لواجهة المدينة الجميلة مقارنة بمن يغوص في أعماقها, كذلك قد يكون مبعثه أن الفيلم يتناول المكان بالأساس، ولا يدعي تحليلاً اجتماعياً للسكان بل يتناولهم كضيوف عابرين علي المدينة التي يسكنها التاريخ، أما البشر فيتم تناولهم في إشارات عرضية إلي ظواهر مثل خروج البنات من التعليم وعمالة الأطفال من خلال مشهد لبنات عاملات في مصنع للسجاد اليدوي، وهي الظواهر التي تلفت انتباه المراقب الأجنبي أو السائح بوجه عام.

في حين أن المسلسل بطله الناس أو أهل المكان وماحدث لهم حقيقة أو تصوراً في بدايات القرن الحادي والعشرين وبين صورة المدينة مسرح الجريمة الذي يظهر في المسلسل من ناحية والأجواء بالغة الرومانسية للفيلم الكندي الذي يعتبر

القاهرة هي مدينة الحلم، أو موطن البهجة من ناحية ثانية فإن القاهرة الحقيقية تستعصي علي مثل تلك التنميطات البسيطة، وإذا كان لعمل فني أن يتناول الروح الحقيقية للمكان وبشره، فإنه في الغالب سينتمي لطائفة اللامعقول!

فالحياة في المدينة وسكانها صورة فسيفسائية بالغة التركيب ويتعايش فيها ما ينتمي إلي الصورة الأولي تماماً مع ينتمي إلي الصورة الثانية في خلطة مركبة تتحدي المنطق، وإن كان الرصد أميل إلي التقاط الظواهر السلبية ربما لجدتها أو غلبتها أو شيوعها. وبينما المسلسل إلي تناقض رئيس بين المظهر والجوهر في معظم شخصياته وأحداثه, فإن واقع الحال في القاهرة أكثر ثراء من تلك الاختزالية ويحوي كما هائلا من التناقضات الإيجابية والسلبية.

والاطروحات متنوعة بشأن وصف وتحليل ما حدث لأهل مصر وعاصمتها، منها ظواهر "**ترييف المدن**" وزحف العشوائيات ومنها ما يتناول مشكلات التطور الاقتصادي والاجتماعي مثل تآكل الطبقة الوسطي أو الحراك الاجتماعي والتغريب وتزايد الفقر والتفاوت الاجتماعي ومنها ما ينتمي إلى التحليل الثقافي مثل الأخذ بالتدين الشكلي، والتعصب الديني، بينما تشيع بدرجة أقل أفكار تؤكد الآثار غير المحمودة للعولمة وانفتاح المكان علي أبواب جهنم الثقافية. وقد كان ذلك موضوعا لعدد من الكتب ولأعمال أدبية التي حققت انتشارا واسعاً – مقاساً بمبيعاتها – واهتماماً محلياً وعالمياً أخيراً مثل "**عمارة يعقوبيان**" التي ترصد التطورات الاجتماعية

والسياسية من خلال سكان عمارة في وسط العاصمة، وتاكسي الذي يروي ذاكرة المكان وأهله وما طرأ علي حياتهم وظروفهم المعيشية وأخلاقهم من تغييرات من خلال رؤية سائقي التاكسي، ويعكس الاهتمام البالغ بتلك الأعمال في أحد أبعاده أن قضية فهم ماذا حدث للمصريين تحتل مكانة مهمة في أولويات الحوار العام وأن هناك قدراً من التوافق علي حدوث تغيرات كبري تسودها تقييمات سلبية اعترت البشر والمكان.

والحقيقة أن الكثير من التفسيرات وإن كانت تتناول جوانب مهمة مما طرأ علي القاهرة — أو مصر بوجه عام — وسكانها فإنها في الغالب تتجاهل تطورات أخري لاتقل أهمية فظواهر مثل التغريب, والانكفاء الذاتي وسيطرة القيم المادية علي سبيل المثال والتي كثيراً ما يشار إلي انتشارها بين أوساط الشباب واكبها في الوقت ذاته ميول واضحة لدي قطاعات غير قليلة من الشباب المصري للعمل العام والتطوع سواء بوازع ديني أو بوازع مدني والأمثلة هنا كثيرة أغلبها ينتمي إلى المجال الخيري مثل جمعية رسالة وعشرات غيرها غيرت شكل العمل الأهلي والتطوعي في مصر من مجال لسيدات المجتمع الراقي إلى مجال ديناميكي للشباب من مختلف طوائف المجتمع، والذي يعتبر المصلحة العامة أو خدمة المجتمع هو محركه الرئيسي، فالصورة الشاملة للتطورات لـ **أهل القاهرة** فيها من الظواهر ما يتحدي النغمة الحزينة التي تسود في الحديث عنها, وإن كان النقد الذاتي واجباً والمشكلات والسلبيات أكثر غلبة

وأعمق من أن يتم تجاهلها أو ادعاء غيابها فالقاهرة تظل خليطاً فيه ما يبعث علي اليأس إلي جانب ما يحفز الأمل فيتجاور فيه الفقر مع الغني والأحياء الراقية مع العشوائيات ويتفاعل فيها السكون مع الحراك، والعطاء مع الحرمان والثقافة مع الجهل، وهي المدينة التي تضاهي عواصم الدول المتقدمة في سرعة الحركة بينما لاتضاهيها إطلاقا في الإنتاجية وربما تكون هذه هي تفاعلات العولمة مع الثراء السكاني والميراث الثقافي للمكان أو تراكمات عقود تركت آثاراً لتطورات غير مكتملة علي السكان وشرائحهم الاجتماعية, إلا أن القاهرة في النهاية ليست بالتأكد هي قاهرة "**أهل كايرو**".

"تربيف" الإخوان!([12])

حسام تمام

"علشان كده أنا عرفت ليه لم أنسجم مع إخوان المدينة؛ لأن فيهم أمثالك ممن يحبون الظهور والمراكز، أما إخوان القرى والريف فبالفعل ناس يحبوا ويتحبوا لأنهم مخلصون لله.. على العموم قول يا سيدي قول بس أنا عاوز أسألك سؤال أنت هاتعرف تنام بعد كل ده؟."!!

([12]) موقع إسلام أون لاين – 26 نوفمبر – 2008

من تعليق القارئ "**محمد بركات**" في الموقع الإلكتروني لجريدة **المصري اليوم** على الحوار الذي أجرته مع السيد عبد الستار المليجي القيادي الإخواني الذي فجر أزمة انتخابات مكتب الإرشاد.

إذا كان من دلالة تستحق التوقف عندها لانتخابات مكتب إرشاد جماعة الإخوان المسلمين الأخيرة (نهاية مايو 2008) فهو أن الجماعة الإسلامية الأقدم والأكبر في مصر والعالم أيضا شهدت أكبر عملية "**تربيف**" في تاريخها نقلتها من جماعة مدنية في طبيعة عضويتها ونمط تجنيدها والقواعد واللوائح المنظمة لها إلى جماعة ريفية بكل ما تعنيه الكلمة.

كيف ضرب "التربيف" جماعة الإخوان؟

و"**الترييف**" الذي نتحدث عنه يعني إشاعة ثقافة ونمط علاقات جديدة تنتمي لما قبل المؤسسية وتستحضر الولاءات الأولية، وهو ما يختلف عما كان سائدا منذ نشأة الإخوان كجماعة حضرية، وأهم ملامح هذا "**الترييف**" كونه يفتقد الثقافة والتقاليد القانونية الواضحة والمرعية.

لقد شهدت الجماعة في السنوات الأخيرة سيادة ثقافة ريفية تخالف ما نشأت عليه، ثقافة تتوسل بالقيم الأبوية، حيث الطاعة المطلقة والإذعان للمسئول التنظيمي، وانتشار ثقافة الثواب والعقاب والتخويف حتى في العلاقات التنظيمية،

وسيطرة الخوف من المختلف أو المتميز مع الميل للركون إلى التماثل والتشابه بين أعضاء الجماعة التي صارت تميل يوما فيوم إلى التنميط!

سنجد انتشار تعبيرات جديدة وغريبة عن الجماعة مثل: عم الحج، والحاج الكبير، وبركتنا، وبركة الجماعة، وشيخنا وتاج راسنا.. وهي تعبيرات يجاورها سلوكيات جديدة أيضاً مثل تقبيل الأيادي والرءوس (كما جرى في الواقعة الشهيرة التي قبل فيها نائب إخواني في البرلمان يد مرشد الجماعة).. لم تكن هذه السلوكيات والتعبيرات سائدة من قبل في تنظيم الإخوان ذي النشأة والغلبة المدنية، وإنما أتته من ثقافة ريفية غزت الجماعة مثلما غزت المدينة المصرية في العقود الأخيرة.

تبدو مظاهر هذا "الترييف" في ضعف احترام فكرة اللوائح والقوانين المنظمة والمؤسسة للعلاقة داخل الجماعة، كما برز على نحو واضح في الانتخابات الأخيرة التي كانت الأسوأ من حيث التعتيم الإعلامي والتنظيمي، ومن حيث تضارب المعلومات الحقيقية والضرورية بشأنها، وكذلك من حيث التهميش وتغييب اللوائح الحاكمة.

بتأثير هذا "الترييف" لم يعد مهما أن تكون هناك انتخابات شورى أو تنظيمية داخلية أو أن تدار هذه الانتخابات وفق الشروط واللوائح المنظمة، بل أصبح المهم ومحور الحديث ضرورة احترام القيادة ووجوب الثقة المطلقة فيها.

كما تفشت ظاهرة مجتمعات "**النميمة**" الإخوانية التي تقتات من الأمور الشخصية والعائلية وتخلط بينها وبين أمور تنظيمية، كما جرى في أزمة السيد عبد الستار المليجي عضو مجلس الشورى التي تحول فيها النقاش من اللوائح والقوانين إلى السلوك الشخصي، وحين يحدث هذا دائما ما تستباح كل الخصوصيات بحجة مصلحة الجماعة والذود عنها.. لقد حوّل "**الترييف**" جماعة الإخوان إلى قرية كبيرة مثل بقية القرى المصرية التي لا يخفى فيها سر.

سنلاحظ أنه وفي ظل هذا "**الترييف**" وبسببه انتشرت التكتلات أو "**جيوب**" الولاء الفرعية بناء على العلاقات غير المؤسسية، فصارت مناطق ومحافظات بكاملها ينظر إليها باعتبارها منطقة نفوذ أو تبعية لقيادة تنظيمية نافذة بعينها، فيقال محافظة أو مدينة معينة بأنها "تبع" الأستاذ فلان أو عم الحج فلان أو هي مقفولة عليه وعلى أنصاره. في مثل هذه الأجواء يصعب إنفاذ أمر تنظيمي على غير رغبة هذه القيادة أو رضاها حتى وإن لم يعرض عليها الأمر، كما يتم تصعيد القيادات تنظيميا على أساس من قربه من هذه القيادة أو تلك وقوة علاقته بها، كما تتضاءل تدريجيا فرص التعددية والتنوع الذي دائما ما كان مصدر قوة للجماعة.

سنجد أيضاً انتشار هذه الازدواجية الريفية في العلاقة بالسلطة من حيث الخوف والكراهية والسرية وإعلان الرضوخ الشكلي، وتبني خطابين: خطاب للمجتمع وخطاب للسلطة، سواء سلطة النظام الحاكم أو السلطة الشرعية في

الجماعة، دائما هناك تسليم للسلطة نظرياً ولكن تبقى الأمور كلها على حالها المعمول به أو على قديمه!!

هناك قبول أو عدم معارضة للوائح الجماعة وقوانينها المنظمة كما ليس هناك اعتراض مباشر على ما تقوله قيادة الجماعة (خاصة السياسية) لكن الأمور تدار على الأرض وميدانيا بعيداً عن هذا كله كما هي وكما اعتاد الناس، لذلك لا تلقى كثير من الأفكار والأطروحات الجديدة) كما في مجمل المواقف والاجتهادات السياسية الأخيرة) أي اهتمام لدى قواعد الحركة، بل يتم التحكم فيها تضعيفاً وتوثيقا من قيادات وسطى كثيرا ما تقوم بـ **"فلترة"** هذه التوجهات والتشويش عليها باعتبارها اجتهادات خاصة لقيادات بعينها أو الإيحاء — وهذا الأشد خطورة — بأنها كلام للناس والمثقفين والصحافة فقط.

ثم سنجد هذا التمسك بالجماعة كإطار اجتماعي أو كحاضنة وليس كمؤسسة لها تقاليد ومنظمة لوائح وقوانين، فليس مهما الحديث عن التزام الجماعة بلوائحها وأنظمتها أو بسبب وجودها الحقيقي، بل المهم هو البقاء بها والإبقاء عليها ولو على حساب أصل وجودها.

ثم سنجد الظاهرة التي اكتسحت الجماعة في السنوات الأخيرة وتتمثل في عدم الميل إلى الثقافة النقدية، والبعد عن التكوين الفكري الجدلي لمصلحة التقريري

الوعظي غير التأملي، وهو ما تكثر منه الشكوى حتى في مدارس الإخوان التي صارت تخرج جيلا أكثر نمطية وتقليدية.

تغييرات في البناء الحضري للإخوان

نعم.. توسعت الجماعة في ضم المتعلمين والمهنيين في عضويتها، بل صارت تضم داخلها أكبر عدد من أعضاء هيئة التدريس في مصر، غير أن الحاصل أن هذا العدد ظل رغم ذلك أقرب إلى التكوين الريفي في ثقافته ورؤيته للعمل العام، فالتكوين العلمي والعمل الجامعي ظل أقرب إلى وظيفة أو منصب، وليس منهجية تفكير وحركة، وكثيرون منهم متميز في الحصة العلمية غير أنه منفصل تماما عن العالم في تكوينه الثقافي، فلا علاقة له بواقع الحياة.. لدى الجماعة نحو ثلاثة آلاف عضو هيئة تدريس لكن معظمهم من دون وعي نقدي، يمارسون العمل الجامعي بطريقة وظيفية، وهم في ذلك جزء من المناخ العام في مصر.

لقد شهدت الانتخابات الداخلية الأخيرة للإخوان فوز خمسة من أعضاء مجلس شورى الجماعة بعضوية مكتب الإرشاد، سنلاحظ أنهم في معظمهم ينتمون للريف كمنطقة جغرافية أو كثقافة فرضت منطقها على المدينة المصرية في السنوات الأخيرة وفيها العاصمة القاهرة أو مدينة الإسكندرية التي كانت إحدى أهم المدن الكوزموبوليتانية في العالم قبل ثورة يوليو.

الفائزون هم سعد الدين الحسيني من محافظة الشرقية، ومحمد حامد من المحلة الكبرى، ومحمد عبد الرحمن من الدقهلية، وسعد الدين الكتاتني من محافظة المنيا، وكلها محافظات تنتمي للريف، أما أسامة نصر الوحيد الذي ينتمي إلى محافظة غير ريفية وهي الإسكندرية فهو أحد صقور تيار التنظيم.. فاز هؤلاء الذين يشكلون مزيجاً من أبناء الريف وتيار التنظيم ليلتحقوا بمكتب الإرشاد الذي شهد في العقد الأخير نفوذاً متنامياً للقادمين من الريف الذين اكتسحوا المكتب في التصعيدات الأخيرة: محمود حسين من أسيوط، وصبري عرفة الكومي من الدقهلية، ومحمد مرسي من الشرقية.

لقد شهد تنظيم الإخوان تمددا لنفوذ محافظات ذات طابع ريفي كان لها دور تقليدي كبير في ترييف المدن المصرية، ولقد تزايد نفوذ محافظات مثل أسيوط والمنيا والدقهلية والشرقية فسيطرت على معظم المواقع في الجماعة، وخاصة في القيادات الوسطي، كما تم التوسع بشكل مبالغ فيه في التجنيد منها، بحيث صارت تحتل الصدارة بين أعضاء الصف الثاني من الجماعة.

في الانتخابات الأخيرة قامت قيادة التنظيم بإعادة تقدير الأوزان النسبية للمحافظات بحيث أعطت محافظات ريفية (الدقهلية بشكل خاص) وزنا أكبر بكثير في تشكيلة مجلس الشورى على حساب محافظات مدنية مثل الإسكندرية والقاهرة، فعلت قيادة التنظيم ذلك استجابة لنتائج ما جرى من "ترييف" الإخوان أو تسريعا

لهذا التحول إذا ما اعتبرناها في مصلحة تيار التنظيم الممسك بالجماعة والذي يغلب ثقافة السمع والطاعة ويرسخها.

الفكرة الإخوانية بين المدينة والريف

لقد كانت الفكرة الإخوانية مبهرة لمجتمع المدينة المصري فصارت الجماعة محل جذب في المدن حتى أواخر الثمانينيات تقريبا، ثم أخذت في الضعف والتراجع كما جرى للمنظومة الإخوانية بشكل عام، وصارت أقل قدرة على استيعاب شباب المدن، سواء بسبب دخولها في مواجهة محتدمة (وإن كانت سلمية) مع النظام بما أثار الخوف منها ومن الارتباط بها، أو بسبب عدم قدرتها على تطوير خطابها.

لم يعد شباب المدن منجذبا كالسابق للإخوان بعدما فقدت فكرة التنظيم جاذبيتها في الحالة الإسلامية، خاصة أن الجماعة كانت قد شهدت في العقدين الأخيرين زيادة مفرطة في مساحة التنظيمية والعسكرة على حساب الدعوة المفتوحة القادرة على استيعاب كل المقتنعين بالفكرة.

لم يعد شباب المدينة مضطرا للمعاناة التنظيمية والعسكرة في الإخوان، خاصة بعدما انفتحت الساحة الإسلامية على بدائل أقل تنظيمية وعسكرة وأخف وطأة في معاناتها مع النظام الذي لم يتوقف عن كيل الضربات للجماعة في الخمسة عشر العام الأخيرة حتى أنهكها وأشاع حولها مناخا من الشك أو الخوف.

كما لم تعد "**الطهرانية**" الإخوانية التي كانت تجذب شباب المدن للإخوان قادرة على الاحتفاظ بهم، إذ صار بإمكان الشباب العثور عليها لدى التيار السلفي أو حتى الدعاة الجدد، كما أن الإخوان أنفسهم صاروا أقل حرصا على هذه "**الطهرانية**" بعدما زادت مساحة السياسة فعلاً وقولاً وعملت عملها فيهم، فصاروا أقرب لأهل السياسة منهم لأهل الدعوة.

إن قراءة سريعة لتطور جماعة الإخوان في العقدين الأخيرين تقول إن أهم ما بقي دافعا للالتحاق بها هو جاذبية كونها تصلح كإطار اجتماعي حاضن للفرد وحماية له في عالم يشعر فيه بالغربة، وهو ما يتناسب أكثر وأهل الريف الذين استقر بهم المقام في المدينة وانقطعت أو ضعفت علاقاتهم بمجتمعهم القديم.

لقد كان زحف أبناء الريف الذين استقروا بالمدينة على جماعة الإخوان موازياً لما جرى في العقدين الأخيرين من تفكك العائلات الممتدة وضعف أواصر القرابة التي كانت تقدم حماية لابن الريف في المدينة تتيح له الاعتماد على قراباته في المدينة، إضافة إلى ضعف مؤسسات الدولة في استضافة هؤلاء في مؤسسات الجامعة والتشدد في شروط السكن بها؛ إضافة إلى ما شهدته المدينة من تفشي أنماط من الترفيه والتغريب خلقت حالة الخوف من المدينة تدفع بصاحبها إلى البحث عن حاضنة اجتماعية وأخلاقية أيضاً.

المراقب لعلاقة الإخوان بالريف جغرافيا وثقافة سيلاحظ أن التجنيد داخل الجماعة والتصعيد في تراتبيتها التنظيمية صار يتم لمصلحة الوافدين من الريف على حساب أهل المدن، وفي الجامعة لمصلحة الوافدين على حساب أبناء المدينة، كما أصبح التجنيد بين طلاب الجامعة الأزهرية أعلى منه في الجامعات الأخرى وفي جامعات الأقاليم أعلى منه في جامعات القاهرة والإسكندرية وفي المدن الجامعية أعلى منه في التجمعات المدنية.

نعم كانت هناك هجرة للمدينة تاريخياً، كما أن مصر شهدت أكبر موجة ترييف بعد ثورة يوليو، لكن كانت للجماعة قدرة على استيعاب الريفيين، فقد كان التجنيد يتم أغلبه بين أبناء الموظفين والمدرسين أو **"الأفندية"** بالتعبير السائد، حتى في الريف كان تجنيد الإخوان يتم بين من تحصلوا على نسبة تمدين وتنور وسلوكيات معينة.

لقد اختلف الأمر الآن وزادت طاقة الريف على إمكانات التمدين داخل الجماعة، وزاد من ذلك أن البنى الاجتماعية التقليدية للريف المصري التي لم تكن ترحب بالجماعة أو تقبل على التجنيد بها قد انفتحت فصار بإمكان الإخوان التنافس بل الفوز في الانتخابات البرلمانية في مناطق الريف المصري سواء بالصعيد (سوهاج وأسيوط والمنيا) أو الدلتا) الغربية والشرقية والدقهلية) بعدما كان تواجدهم فيه ضعيفا إلا في الحواضر والمراكز المدنية داخله.

لقد كان تفكك المجتمع التقليدي في الريف مقدمة لدخول الإخوان فيه، ولكنه لما انفتح على الإخوان انفتح بثقافته ونمط علاقاته، وكان تأثيره فيهم أكبر بقدرتهم على التأثير فيه أو حتى احتواء آثاره.

لقد تراجع "أفندية" حسن البنا الذين تولوا إدارة الجماعة تاريخيا مثل حسن الهضيبي وعمر التلمساني وحسن عشماوي ومنير دلة وعبد القادر حلمي وفريد عبد الخالق.. أو حتى أفندية الريف المتمدينين مثل محمد حامد أبو النصر وعباس السيسي، وتواروا لمصلحة الريفيين الذين تقدموا لاحتلال الصفوف الأولى حتى داخل القاهرة: محمد مرسي وسعد الكتاتني وسعد الحسيني وصبري عرفة الكومي.

بل إن مرشد الجماعة نفسه مهدي عاكف على تاريخه الطويل في الجماعة يبدو في تصريحاته وخطابه، بل طريقة إدارته للجماعة، أقرب لثقافة الريف ونمط إدارته، وتعبيراً لها إذا ما قورن بسلفه الأخير مأمون الهضيبي القاضي الذي تربى على تقاليد وثقافة قانونية وسياسية راسخة ضاعت ضمن ما ضاع من مصر في ربع قرن مضى.

www.ingramcontent.com/pod-product-compliance
Lightning Source LLC
Chambersburg PA
CBHW080339290526
45790CB00010B/3755
* 9 7 8 1 4 8 1 8 7 6 2 2 3 *